寻访

济南传统村落

莱芜篇

姜波 等著

山东画报出版社

济南

图书在版编目（CIP）数据

寻访济南传统村落 / 姜波等著.—济南：山东画报出版社，2024.3

ISBN 978-7-5474-4720-8

Ⅰ.①走… Ⅱ.①姜… Ⅲ.①村落—介绍—济南 Ⅳ.①K928.5

中国国家版本馆CIP数据核字(2023)第256650号

XUNFANG JINAN CHUANTONG CUNLUO

寻访济南传统村落

姜波 等著

项目策划 秦 超
责任编辑 于 滢
装帧设计 李潇爽 许鑫泽 骆思宇

主管单位 山东出版传媒股份有限公司
出版发行 山东画报出版社
　　　　社　　址　济南市市中区舜耕路517号　邮编 250003
　　　　电　　话　总编室（0531）82098472
　　　　　　　　　市场部（0531）82098479
　　　　网　　址　http://www.hbcbs.com.cn
　　　　电子信箱　hbcb@sdpress.com.cn
印　　刷　济南新先锋彩印有限公司
规　　格　185毫米×260毫米　16开
　　　　　65.75印张　1000千字
版　　次　2024年3月第1版
印　　次　2024年3月第1次印刷
书　　号　ISBN 978-7-5474-4720-8
定　　价　498.00元（全五册）

编委会

总序

  我国有着丰富多样的物质形态和非物质形态文化遗产的传统村落，这些村落承载着中华文明的悠久历史。然而，随着工业化和城镇化的快速发展，许多传统村落正在逐渐衰败甚至消失，具有鲜明建筑特色和深厚人文历史的传统村落保护已经变得刻不容缓。

  在 2013 年的中央城镇化工作会议上，习近平总书记强调了保护传统村落的重要性，提出了让居民"望得见山、看得见水、记得住乡愁"。2014 年，住建部等四部委联合出台《关于切实加强中国传统村落保护的指导意见》，加大传统村落保护力度，实现传统村落可持续发展。近年来，山东省深入贯彻落实习近平总书记关于传统村落保护的重要指示批示精神，自 2020 年连续 4 年在省委一号文件中明确提出加强传统村落和传统民居保护，强化顶层设计，塑造齐鲁特色乡村风貌。

  济南市住房和城乡建设局高度重视传统村落的保护工作，制定针对性政策支持申报和保护，并在积极挖掘整理济南市传统村落资源方面取得了显著成效。截至 2023 年，在公布的 6 批中国传统村落名录中，济南市共有 20 多个国家级传统村落和 40 多个省级传统村落，数量在全省各地市中名列前茅。

  2018 年，济南市住房和城乡建设委员会专门成立了《走进济南传统村落》编撰委员会，邀请长年从事传统民居和传统村落研究工作的山东建筑大学姜波教授，承担丛书的主要撰写工作。2020 年，完成了《走进济南传统村落（一）》和《走进济南传统村落（二）》两本书作。这不仅是全国范围内对市级所拥有的国家级和省级优秀传统村落全面调研方面的首创，更是在全国传统村落保护中发挥了引领作用，为传统村落保护和传承发展提供了经验借鉴。

  2022 年，济南市住房和城乡建设局重启传统村落的调研工作，继续邀请姜波教授承担该丛书的撰写任务。本次调研和撰写工作增加了寻访的村落数量，并在前两本书作的基础上极大地丰富了内容，调整了书作名称，以一种全新的面容呈现在读者面前。

  我认为这套丛书有以下几方面意义：

  一、有助于进一步加强对济南传统村落的保护与利用工作。

  济南的优秀传统村落拥有悠久的历史，不仅保留了原有的建筑风貌，还遗存了大量的文物古迹，并具有独特民风民俗和深厚文化底蕴。因此，发现、保护和传承这些传统村落是当前及未来的重要任务。在前期对入选的国家级和省级优秀传统村落"一村一档案"基础上，济南市住房和城乡建设局又积极探索"传统村落+"模式，进一步促进传统村落的保护与利用。该丛书是对该局上述工作的强劲助力。

二、有助于提升济南的形象，树立独具特色的文化品牌。

济南拥有众多古朴、幽静的传统村落，这些村落具有深厚的历史文化积淀。

有效保护和利用传统村落，可以进一步提升济南文化形象，树立独特的城市文化品牌。这套丛书图文并茂地介绍了济南优秀传统村落，有助于加深人们对传统村落的了解，亦可为其历史文化找到承载体，唤起人们久远的记忆，增强人们的情感认同和文化认同。

三、这是发展乡村旅游产业的客观需要。

文化是旅游的灵魂，旅游是文化的载体。随着乡村旅游的不断发展，人们不再满足于对名山大川的观赏，而进一步延展至对优秀传统村落和历史文化遗产的寻访。2021年，济南市又正式启动了泉水普查工作，本套丛书亦有对古村名泉的记录，将村落和名泉的探访加入到传统村落的保护开发中，为乡村旅游注入更多的城市文化印迹。

四、可以留存与展示传统村落保护与传承工作状况。

近几年，山东省政府加大了传统村落保护和发展力度，对传统村落的连片整治、特色民居的生态保护等工作给予大力扶持。丛书的编写，正是对山东省传统村落保护和发展工作方面的留存与展示。

济南传统村落各具特色，底蕴深厚。作者不辞辛苦，通过大量的田野调查、文献研究等方式，从民俗学、历史学、建筑学、美学等不同角度，剖析其历史文化、村落格局、建筑特色、民俗非遗等，力求全面深刻、形象生动地展示其原始风貌，从而使丛书成为既具有历史传承价值，又具有宣传功能的精美读本，在展现丰富内涵和文化魅力的同时，进一步提升济南传统村落的知名度，并由此得到更多政府、学界和民间力量的关注。

住建部中国传统村落专家指导委员会副主任委员
清华大学建筑学院教授

序言

　　传统村落是历史的凝结，是文化的本色，是情感的归依，是精神的家园，更是农耕文明不可再生的文化遗产，承载着乡村不灭的灵魂。

　　自 2012 年伊始，住房和城乡建设部、文化部、国家文物局、财政部四部、局联合启动了中国传统村落的调查、认定与保护工作，截至 2022 年 10 月，已开展了六批中国传统村落名录认定工作。按照国家要求，济南市深入开展传统村落的保护和利用工作，累计 24 个优秀传统村落入选国家级保护名录、49 个村落入选省级保护名录，成为发展乡村振兴的宝贵文化资源。对入选的传统村落，济南市住房和城乡建设局按照科学建档标准建立了"一村一档案"，同时积极探索新形势下传统村落保护与发展的新方式、新途径、新举措。2022 年，根据《财政部办公厅、住房和城乡建设部办公厅关于组织申报 2022 年传统村落集中连片保护利用示范的通知》《住房和城乡建设部、财政部关于做好 2022 年传统村落集中连片保护利用示范工作的通知》等有关要求，经济南市住房和城乡建设局全力推荐，章丘区成功入选"全国传统村落集中连片保护利用示范县（区）"，这开启了深入探索传统村落保护和发展模式、助力乡村振兴的新篇章。

　　目前，市住房城乡建设局会同山东建筑大学共同编撰的《走进济南传统村落》系列丛书，已出版了第一辑，第二、三、四辑也已集结成册。在《走进济南传统村落（三）》和《走进济南传统村落（四）》两本书中，我们又收录了 27 个优秀传统村落，以多角度、多学科的方式呈现村落的空间格局、典型传统建筑、民俗生活等内容。相较前两册书籍，每个村落又增加了航拍图、测绘图、手绘等，使书稿内容更加丰富充实。这 27 个村分别为：莱芜区茶业口镇中法山村、卧铺村、逯家岭村、上王庄村、潘家崖村、中茶业村，雪野街道娘娘庙村、吕祖泉村、和庄镇马杓湾村、青石关村；钢城区辛庄街道砟峪村、颜庄街道澜头村；章丘区官庄街道的朱家峪村，文祖街道的大寨村、东、西田广村、黄露泉村，普集街道的龙华村、于家村、袭家村，相公庄街道的十九郎村、梭庄村，曹范街道的叶亭山村，刁镇街道旧军村，双山街道的三涧溪村；长清区孝里街道南黄崖村、北黄崖村、岚峪村。这些传统村落各具特色，或以红色文化见长，或以泉水盛名，或以传说故事而独具魅力，都是宝贵的不可再生的文化资源。

　　传统村落的保护与传承是动态的，只有以用促保，才能增强传统村落保护发展的内生动力。随着传统村落保护工作的开展，很多传统村落焕发出新的生机。各村在挖掘整理村史、村志，建立村史馆、档案馆等基础上，着手优化乡村公共服务，改善人居环境和村民生活条件，发展乡村旅游，力争达到"农业强、农村美、农民富"的乡村建设要求。如南部山区西营街道黄鹿泉村、天晴峪村，在保护和修缮传统建筑的基础上，建立"孩子小镇"，打造特色民宿，不仅吸引了外出人员返乡就业，而且实现村民在家门口上岗工作，迈出传统村落活化利用的坚实一步；其他传统村落坚持在保护中发展、在发展中保护，盘活优化村落文化资源，让更多历史文化遗产活起来。

　　传统村落蕴藏着丰富的自然生态景观资源与历史文化信息。走进传统村落丛书均以大量的第一手田野考察资料为基础，甄选出一些人文形态完整、历史遗存丰厚的具有代表性的传统村落，力求传承优秀传统村落的乡韵风貌，记录泉城的青山绿水和美丽乡愁，为传统村落的有效保护、修复建设和发展等提供参考依据，为现代城乡规划、美丽乡村建设提供借鉴，为推动泉城乡村振兴、增强文化自信贡献力量。

济南市住房和城乡建设局

目 录

壹

卧铺村：
白云生处有人家

1. 地理环境与历史沿革

卧铺村隶属山东省济南市莱芜区茶业口镇，西距镇驻地 12 千米，南距逯家岭村 3 千米，东距博山区 15 千米，且临近青兰高速、滨博高速、济青高速南线，区位交通条件优越。

卧铺村北倚卧龙山脉，南朝古梯田群，地势北高南低，中间低陷向西敞开。

卧铺村总面积约 4 平方千米，耕地面积 570 亩，现有 132 户，392 人，其中常住人口约 167 人。村庄盛产小米、红香椿等。传统农作物有小麦、玉米等，林果有核桃、杏、柿子等，是一个典型的以农林为主要经济来源的村落，村民收入依靠香椿、有机果品、小米等种植业和外出务工。

卧铺村始建于明代嘉靖年间。旧时又称窝铺，卧云铺。王姓从河北省枣强县迁至该村，随着时间的推移，卧铺村形成了有王、张、李、刘、苏、吴、闫七姓人家聚居的大格局，现在刘姓的人口最多。

2016 年卧铺村被评为山东省第四批省级传统村落。2021 年 4月 20 日，山东省文化旅游厅将卧铺村命名为"山东省首批风景名胜村"。

图 1.1　卧铺村在明嘉靖二十七年（1548 年）《莱芜县志·县境之图》中的位置（此图据原图着色）

图 1.2　卧铺村鸟瞰图（2023 年摄）

2. 村落空间格局

　　卧铺村坐落在摩云山、霹雳尖和黑山三山环抱之下，像一把坐东朝西的太师椅，村子就建造在椅子的中央。该村地势高，经常被云层覆盖，因此又名卧云铺。

　　卧铺村形状呈不规则状，整个村落被山脉环抱，自西向东、自南向北，地势逐渐升高，院落依山就势而建，南面和西面的房屋多为二层空间的形式，错落有致，互不遮挡。街巷随地势蜿蜒起伏，相互连接，形成纵横交错的路网格局。

图 1.3　村庄随处可见的拴马石（2023 年摄）

图 1.4　墙中铜钱通风口，有助于下层通风（2020 年摄）

图 1.5　卧铺村依山势建，台地错落，道路蜿蜒交错（2023 年摄）

图 1.6　街巷铺石板，随地形蜿蜒交错（2023 年摄）

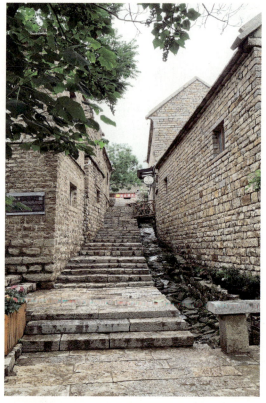

图 1.7　台阶随地形，青石铺成，层层上延至各家院落（2023 年摄）

3. 村落典型历史建筑

　　卧铺村传统民居集中连片，主要分布在村庄中部，其中明清民居41处、民国时期民居29处，全部采用石块垒砌。

　　卧铺村是石头的世界，村里石板路、石拱桥、石台阶、石院墙、石厕所、石畜圈、石窑、石槽、石桌、石凳、石磨、石碾、石臼随处可见，就连鸡窝也是石墙、石顶、石门口、石挡窝板，整个村庄像一座石头城堡。

　　卧铺村所有建筑的原料都是"十八行子"（当地方言，岩体共有十八层厚薄不等的石层构成）石头，层次分明，厚度不同，颜色不同，可以满足所有建房所需，如屋檐、脊檐、挑翘、腰枕、拴马石等。"十八行子"的每一层都有自己的名字和用途。例如，"顶盖皮"主要用于建筑墙面；"四指"是盖房时用来挡檐的；"红三寸"为石碑；"对半子"用来做悬枕、落地枕和腰枕；"二寸五子"制作磨石、石臼等；"三寸"用作猪槽；"半尺"打制牛、驴槽等。根据厚度、硬度、颜色的不同，卧铺人把"十八行子"石头应用于生活中的方方面面，所以人们亲切地称它们为"子"。

图1.8　卧铺村依地势而建的全石民居与环境融为一体（2023年摄）

图 1.9　由石板砌成的鸡窝（2021 年摄）　　　　　　图 1.10　用于盛牲畜饲料的石槽（2021 年摄）

在卧铺村，以王、张、李、刘、苏、吴、闫七个姓氏为代表的院落沿着村庄主轴分布，居民聚居在各自的院落周围。不同于其他村庄，这里七个姓氏的人聚居在一起，一个姓氏对应一个院落，因此石板老街两侧的院落被称为王家大院、刘家大院、李家大院、张家大院等。村内的泉眼也以姓氏为名，如张家泉子、李家泉子等。最独特的标志是，每个姓氏对应一个泉眼，泉眼对应一个石碾，石碾与泉眼的命名相对应。石井多建在东侧，石磨则建在西侧，形成"东青龙西白虎"的布局。

卧铺村的四合院古建筑群以家族为单位，依地势高低错落建设，院落之间的道路用石块铺砌，充满地方特色。采用当地青石垒砌的两层石木结构民居，二层用于居住，一层则用于圈养牲畜或储藏。两层之间采用木头铺设或拱券技术，屋架使用木梁檩，旧时屋顶多采用麦秸或黄草覆盖。这种传统建筑风格展现了卧铺村在建筑布局和结构上的独特魅力。

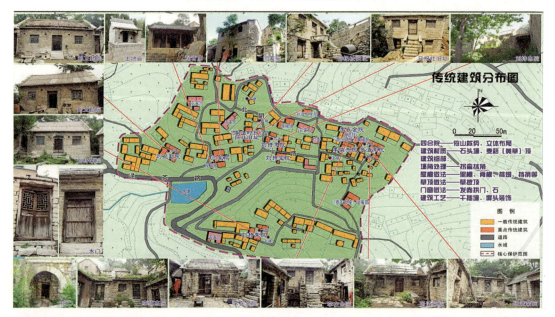

图 1.11　卧铺村传统建筑分布图（2023 年摄）

图 1.12　石头垒砌的发券拱门（2021 年摄）

图 1.13　石券（2020 年摄）

　　随着时代的变迁，卧铺村传统建筑中有少部分已修缮，如王家大院、闫家大院、刘持荣大院等，大部分为典型的四合院。

图 1.14　大门前的影壁，上面刻有"福"字图案，寓意吉祥（2021 年摄）

图 1.15　浮雕牡丹图，表达富贵如意之意（2021 年摄）

　　相传，建村的祖先叫王三立，也是王家大院的建造者，他的家乡河北枣强县遇旱灾逃荒至此，他是一位石匠，发现这里的石头（后被称为"十八行子"）很有特点，便就地取材盖了房子，成为卧铺村第一个落户的家庭。后来，王家慷慨地收留了前来避难的刘家，并送了几处房子给他们住。两个家庭互相帮助，生活在一起。之后其他五个姓氏又相继到来，经过几代人的努力，终于建起了这个石房为主的村庄。

　　王家大院是硬山顶，用叉手和檩条支撑，屋面覆盖黄草。前后檐墙高度相同，屋檐略倾斜，便于排水。两侧山墙略高于屋顶，当地人称之为挡捎，挡捎可以保护茅草屋顶，减少风雨和明火的侵害。挡捎上覆石板顶，又称压捎石，起到保护山墙的作用。王家大院里还刻着"回头鹿"的图案，意思是无论离家多远，都要记得回头看看自己从哪里来。

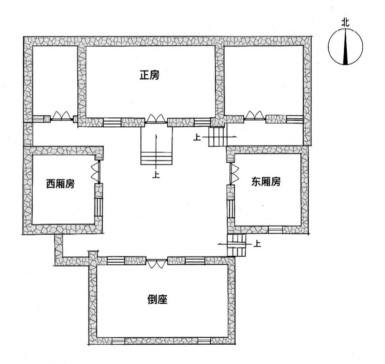

图 1.16　闫家大院手绘示意图（徐敏慧绘）

　　闫家大院是闫氏家族建造的四合院式院落，当地人俗称"大天井"，至今已有 200 多年的历史。大院依地形而建，由正房（北屋）、倒座、西厢房、东厢房组成。正房两侧各建有耳房，用作厨房与储物，在西厢南侧新建厕所。大门朝东，有 6 级台阶，建在倒座与东厢房的夹角处。正房最高，前有 6 级台阶；其次是东厢房，门前有 3 级台阶；再次是倒座，西厢房最低。

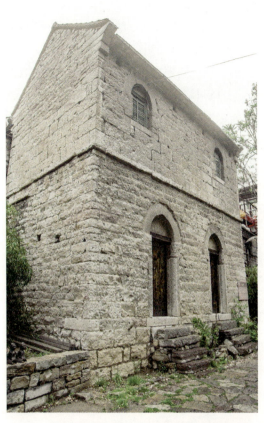

图 1.17 闫家大院分两层，一层用于饲养家畜和储物，而通风良好的二层则为居住区（2023 年摄）

图 1.18 墙上留窗，常用槐木或榆木制窗棂，木质过梁，结实耐用（2021 年摄）

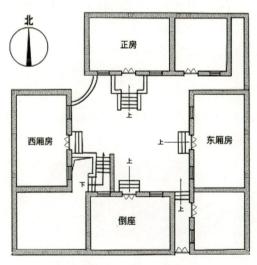

图 1.19 刘持荣大院手绘示意图（徐敏慧绘）

图 1.20 墙门常用槐木或榆木制门棂，石过梁，结实耐用（2021 年摄）

刘持荣大院为典型的四合院结构，正房有7级台阶和一个平台。石磨一侧的墙壁中有一壁龛，是放油灯的位置，为推碾照明。门槛一端与门框夹角处，专门留了一个小洞，称为"猫径"。

外墙靠巷道拐角处的墙角，特意向里收缩成圆角，被当地人形象地称为"拐弯抹角"，既可增加巷道的空间，还可避免伤人，是利人的典范。

图1.21　通向各家各户的石板小路与石头民居，攀墙的花草构成了优美的山区村落景色（2021年摄）

张正奇建造的张家大院也是一个典型的四合院结构，张家的一个后人虽然在清康熙年间入赘到本村的任家，但后人仍姓张。张家大院依山而建，有正房5间，3间东厢房，2间西厢房，3间倒座，后随着人口增加，在大院周边陆续新建了众多石房。这家人共用一碾一磨一井泉，形成"进门撞山，一宅两院"的独特建筑群。

村中现存五块古石碑，大都记述了重修关帝圣君庙事，其中一块立于清光绪十一年（1885年）的"戒赌碑"，碑额刻"万古流芳"，碑文采用颜体阴刻而成，高1.4米，宽0.51米，颇具历史与现实意义，堪称古版的村规民约。

1.22　卧铺现存的五块古碑（2021年摄）

古戏台建于清光绪年间，当时的卧铺村为戒赌的同时活跃文化生活，成立了一个业余剧团，又集全村之力搭建了一个戏台，从此把著名的"盗赌"村变成了忠诚村。130多年来，这个戏台从未停止过演出，戏台东侧还有一通刻有《三娘教子》的石碑。

图 1.23　卧铺村戏台，台基始建于清光绪年间（2023 年摄）

"三尺巷"：清光绪十一年（1885），刘姓族人因经商有道，迅速发展壮大为卧铺村最富裕的族氏，刘氏四兄弟从刘家大院分离出来在西侧建起四兄弟宅院，占用了闫氏族人南北往来的三尺过道，闫家人书信给在外做官的闫文智寻求支持。但是，闫文智心胸宽广，写信宽慰家人。家人看后，自感惭愧，决定让予三尺。刘氏四兄弟听闻，也深感惭愧。于是两家在道路处各自退让尺半，就形成了今天的"三尺巷"。据不完全统计，全国的"三尺巷"有七八处之多，故事主人公虽不一样，故事所表达的寓意却是一致的，所以多几个亦无妨。

卧龙清泉，位于刘家前院东北大门外约 10 米处，井口呈正方，边长约 60 厘米，井体上部呈不规则圆形，下部则呈南北 1.5 米、东西 1 米的长方形，井深 2.5 米，一年四季水位不变。

图 1.24　建筑外立面设有通风的石质小窗，整体采用全石结构（2023 年摄）

图 1.25　刘家大院外的三尺巷（2023 年摄）

图 1.26　卧龙清泉井口是呈 60 厘米见方的正方形，井体上部呈不规则的圆形（2023 年摄）

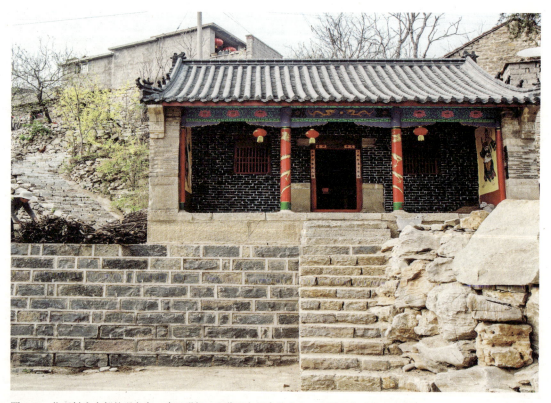

图 1.27　位于村庄中部的观音庙，建于明朝，坐落于九级台阶之上，庄严肃穆（2023 年摄）

图 1.28　卧铺传统民居建筑，面阔三间，以砖石结构为主，窗户为木制窗棂，发券拱门（2023 年摄）

4. 民俗与非遗传承

　　卧铺村梆子剧团组建于清光绪年间，时任村长王振太邀请章丘区高立宏老师来村教戏，村民张秀华担任班主，主要演员有张秀蜜、闫春忠等，以《全家福》为开班戏，开创了业余剧团的历史先河。当时全村有 30 多户人家，总人口 150 多人。

　　"文革"期间，历史剧虽一度被禁止，但剧团的演出从未停止过。以张兆德为首的第五代传人开始学习样板戏，如《红灯记》《智取威虎山》等。2008 年 6 月，"卧铺村乡协会"成立，恢复了六月六唱大戏的民俗，至此，已有 140 年历史、传承五代人的剧团重新焕发生机。

　　由于剧团演出的大多是历史剧，以口述为主，没有剧本，致使很多剧失传。近年来，张兆德一直致力于历史剧整理工作，现已完成 30 余部剧本的编撰工作。

逯家岭村：
悬崖顶上有人家

1. 地理环境与历史沿革

逯家岭村隶属于山东省济南市莱芜区茶业口镇，距镇政府驻地 12 千米，距莱城 55 千米，位于章丘、莱芜、博山 3 地交界处。村西为上法山村，北靠卧铺村，南与双山泉村相望。村落海拔高度 800 余米，为茶业口镇海拔最高的村庄。村里流传着一则谚语："冲了泰山顶，冲不了逯家岭"，形象地说明了逯家岭村的海拔。

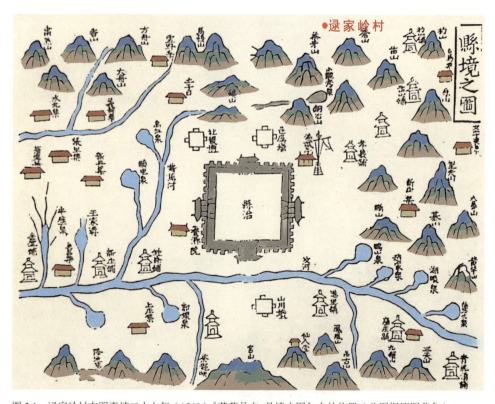

图 2.1   逯家岭村在明嘉靖二十七年（1548）《莱芜县志·县境之图》中的位置（此图据原图着色）

图 2.2   逯家岭村建筑依山而建，材料多就地取材（2022 年摄）

　　逯家岭村历史悠久，据《逯氏族谱》记载：逯姓家族在明朝永乐末年来此建村，因选址在山崖岭顶，得名逯家岭村。清康熙年间的《莱芜县志》记载：石城保·逯家岭。全村由7大姓氏组成，其中以逯姓、高姓、崔姓居多，其他李、穆、王、郑4姓较少。全村现有231户，共648人，耕地面积712亩。

2. 村落空间格局

　　逯家岭村地势北高南低、东高西低，北靠摩云山、霹雳尖，东靠双堆山，南侧为悬崖，2000多年前的齐长城遗址——风门道关就在村东北。全村依山就势而建，街巷随地形起伏蜿蜒，相互连接。主要街道有村东街、村中街、村西街，其中有一条小巷，只能容一人穿过，名为"一人巷"。

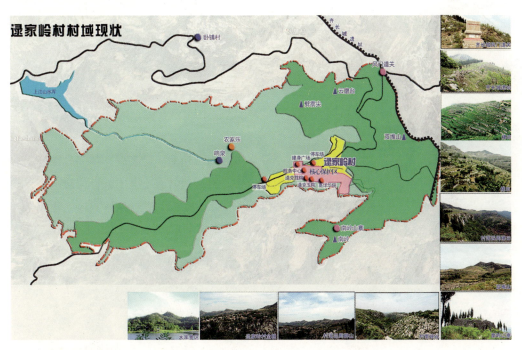

图 2.3　逯家岭村域现状图

　　全村坐落于崖壁之上，地势险要，依山为屏，动乱年代为村民提供了安全的生存环境。

　　村西生长着一棵具有几百年历史的古槐，相传是建村时所种，历经几百年依然枝繁叶茂。传统建筑集中分布于古槐树周边，形成以古槐树为中心的明清民居建筑群。由于地处偏远山区，交通不便，砖瓦等建筑材料难以运进来，村民就地取材，以石头为主要建筑材料。

图 2.4　逯家岭村貌手绘图（李春绘）

　　逯家岭村现存一座古寨门，建造于清朝咸丰年间。因处于淄博和莱芜间的交通要道旁，村周边常有土匪出没，为防匪患，全村在主事人的召集下用了一个月时间，在村南岭要道上建起一处村寨。现在寨墙多已坍塌，寨门却依然屹立不倒。

图 2.5　碎石路面与石砌房屋浑然一体是山区传统村落的典型特色（2023 年摄）

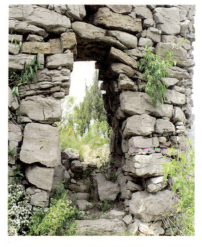

图 2.6　古寨门由石头砌筑而成，历经百年风雨依然挺立（2021 年摄）

　　村西黑峪里有一眼山泉，名为响泉。响泉一年四季水量充沛，从未干涸，并且水质甘甜清洌。村里没打深机井供水之前，每逢干旱的时候，周边村民都会到这里取水吃。响泉的水经黑峪沟后蜿蜒流入下游的法山水库。除此之外，黑峪沟里有 6 个塘坝，水源也主要来自响泉。2020 年，济南市再次启动泉水普查，经过现场勘测，此处海拔高度为 568 米，这处隐匿在山间的清泉也正式成为济南"千泉"之一。

图 2.7　响泉，一泉下泻汇成河（2021 年摄）　　图 2.8　泉水四季不涸（2021 年摄）

图 2.9　村子全石结构的民居（2022 年摄）

3. 村落典型历史建筑

　　逯家岭村保存了大量明清时期的建筑，多为全石四合院，大部分坐落在海拔 600 至 800 多米的山腰上，形成了极具特色的齐长城下的石头村。从村东南的山坡上望，可以清晰地看到依山而建的民居，最南侧的院落就建在悬崖边上。

图 2.10 村南侧的院落手绘图（李春绘）

图 2.11 雕饰精美的菊花石雕（2021 年摄）

村里的传统民居建造时均就地取材，石墙、石屋、石碾、石磨、石板路均有着浓郁的地域特色。特别是石板路，少了村子里雨后的泥泞。随着村外山下的交通越来越便利，村子原有的交通要道属性已基本无存。因此村子成为了一处偏僻、封闭所在，使得传统民居院落基本保留原有布局，街巷体系完整。

图 2.12 逯家岭村典型民居（2022 年摄）

图 2.13　村落建筑手绘图（李春绘）

图 2.14　村落传统街巷多为石板路，保存较好（2022 年摄）

图 2.15　逯家岭村临崖而建的民居（2022 年摄）

风门道关为齐长城上的一处重要关隘，坐落于村东北的摩云岭和双堆山的垭口处，此处是莱芜与博山两地交界处，又名"黑风口"。风门道关南侧，现有齐长城遗址，据当地的专家实地测量，这段齐长城遗址有 1450 米长，高 1.5 米，宽 1 米。当年，齐国利用山体北坡地势和缓，南坡悬崖峭壁的条件，就地取材修筑了长城。站在关口，山风在耳边呼啸，关内外的层层梯田，从山谷铺到山半腰，十分壮观。昔日的重要关隘已失去了作用，只余遗址，让人不胜唏嘘。在山间垭口处有一块石碑，上刻"齐长城遗址风门道关"字样。

图 2.16　齐长城风门道关石碑（2021 年摄）

逯家大院是逯家岭村内传统建筑中保存最为完整、面积最大、规格最高的一处四合院，院落始建于清乾隆年间，总占地约 1200 平方米。

图 2.17　逯家大院是村里保存最为完整的、面积最大的四合院（2021 年摄）

图 2.18　修整后的四合院内景（2021 年摄）

　　大门建在院落东北角，院内西屋为正房，面阔 3 间，长者居住，配有月台和 7 级台阶；北、南、东 3 面各 3 间，门前均有石台阶，数量分别为 5 级、3 级、1 级，房屋高度亦随之依次降低，体现了传统合院建筑的尊卑有序。逯家大院的建筑材料来自附近山上，砌石经过精细加工，形体方正，肌理清晰，院子里的石磨、石碾保存完好。

图 2.19　逯家大院南屋，门口有三级台阶（2021 年摄）

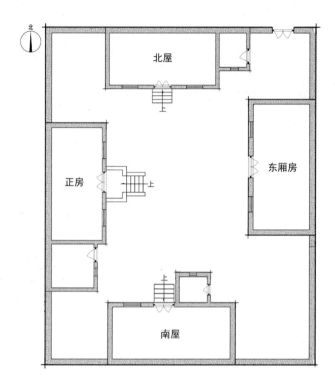

图 2.20 逯家大院平面手绘图（李春绘）

图 2.21 村南部悬崖边的院落手绘图（李春绘）

　　孙阁老故居位于村中心街北侧，距村委会 30 米处，是村子里典型的历史建筑。

　　孙阁老，原名为孙将翰，其祖籍为茶业口镇的阁老村（阁老村因其而得名），其父在他还没出生时就因病去世，其母身无分文，流落至逯家岭。村民逯知民见其可怜，将其收留。后来其母辗转至博山的大岭村，孙将翰出生在大岭村。明朝崇祯十三年（1640），孙将翰考中进士，清朝康熙元年（1662）官拜大学士，回乡寻根祭祖时，为了报答逯知民收留之恩，便出资建造了这座院落。

图 2.22　孙阁老故居现已无人居住，大部分的屋顶坍塌（2022 年摄）

图 2.23　虽破败，墙体依然坚固（2022 年摄）

图 2.24　孙阁老故居手绘图（李春绘）

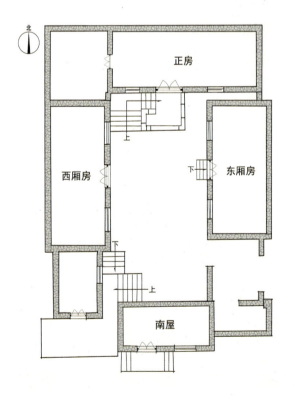

图 2.25　孙阁老故居平面手绘图（李春绘）

图 2.26　建筑前月台底部为仓储空间（2022 年摄）

图 2.27　猫道（2022 年摄）

　　孙阁老故居为传统的四合院形式。院落坐北朝南，大门位于东南角，面东而开，大门内侧有一对石孔，用来安放"腰杠"，以此加固上栓后的大门。正房有两层，石木结构，二层居住，一层圈养牲畜和储物。楼板用木头铺设。正房配有月台、石栏和高高的石阶。东厢房面阔 3 间，有 3 级台阶，门口左下有一个凿出的缺口，当地人叫"猫道"，与室内相通。西厢房前有 1 级台阶。该院落建筑材质主要是用石头砌成，屋顶的形式是硬山顶面，木头檩梁，原为麦秸、黄草苫面。院子因长时间无人居住，正房屋顶已经坍塌，坍塌的房内已长出粗壮的槐树。

　　逯家岭村南还保存着一座明末清初的典型传统民居，建筑面积 154 平方米，石砌墙体，灰瓦茅草屋顶，正房也是两层，前有 7 个台阶高的月台，两侧修建护栏，院内保存有一个石碾，因长时间无人居住，屋面已坍塌，部分木窗尚保存完整。

图 2.28　院落已无人居住，建筑屋顶坍塌，院内杂草丛生（2022 年摄）

图 2.29　保存完好的木棂窗（2022 年摄）

图 2.30　石碾依旧可以使用（2022 年摄）

4.村落民俗生活与非遗传承

逯家岭村具有悠久的文化底蕴，村民有喜好文艺的历史传统。

图 2.31　村戏剧表演现场（2021 年摄）

100 多年前，平日喜爱戏曲的村民穆国柱等人筹钱购买了锣鼓、二胡等乐器，在农闲和节日时表演起"二人转"节目来，村子的戏团也起源于此。随后戏团不断壮大到 30 多人，如演员崔道忠等人，戏团的表演形式也逐渐增多。戏团还从博兴的吕剧团请来老师，排演《小姑贤》《李二嫂改嫁》《姊妹易嫁》《三世仇》《井台会》等戏剧曲目。

图 2.32　村民们自发组建的锣鼓队（2021 年摄）

图 2.33　村戏剧表演现场（2021 年摄）

　　到了 20 世纪 70 年代，戏团表演的剧目越来越多。当时山东
吕剧团团长到逯家岭村观看戏团演出后拍手叫好，当场点名要逯
克东、崔道忠、高连俊三人加入山东吕剧团，因家庭困难三人都
不愿去。20 世纪 80 年代至 90 年初，由崔道玉、逯克仪、崔德忠
分别任戏团团长。近几十年来，表演新添了《双封诺》《双蝴蝶》
《墙头记》《钢叉山》《柜中缘》等曲目。

　　每年农历六月六日，全村过"伏阳节"，戏团演出祈求本村
全年风调雨顺、无妄无灾，吸引村民前来观看。

　　逯家岭村重视传承，村里保存了 1951 年编撰的《逯氏族谱》，
详细记载了逯氏家族的人员姓名、婚姻嫁娶与出生去世年份，井
井有条。

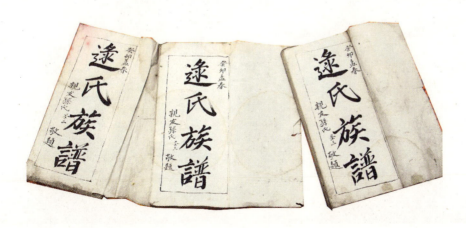

图 2.34　逯氏族谱（2021 年摄）

图 2.35　陡峭的山崖与梯田手绘图（李春绘）

图 2.36　逯家岭村南侧崖壁陡峭，村子的自然风光也吸引了大量的游客前来游玩（2022 年摄）

2016 年，电影《那年，我还没有长大》在逯家岭村取景拍摄；2021 年，电视剧《安家》在逯家岭村取景拍摄。逯家岭村优美的自然风光、原生态的传统民居环境和特有的民风民俗吸引着影视剧组。而电影、电视剧的拍摄对村子的发展也起到了明显的助推作用，吸引了大量游客，也为这个传统村落带来了新的活力。

叁

上王庄村：

黄石关口，嬴河源头

1. 地理环境与历史沿革

　　上王庄村位于济南市莱芜区茶业口镇，地处莱芜区最北端，距镇驻地 3 千米处，村落南邻茶业口村，东至下法山，西接中茶业村。上王庄村西傍青兰高速、东临滨博高速、北依济青高速南线、南靠 327 省道，交通条件优越。村域总面积约 1950 亩，耕地面积 452 亩，全村共 170 户，户籍人口 451 人，常住人口 420 人。上王庄村民皆为汉族，由范、解、齐、魏、王、付等多个姓氏组成，其中范姓居民最多，约占全村总人口的 50%。

　　据范氏墓碑记载，明万历年间范姓在此居住，后王姓迁入，并以王姓命名，因该村位于章丘区北王庄以南，便称南王庄，1943 年分为两个村，该村居北，故又改名上王庄。

　　1940 年前，上王庄村隶属莱芜县茶业镇；1940 年 3 月，茶业镇划归章丘，同年夏复归莱芜；1942 年下半年，茶业区划归淄川县；1945 年 10 月，属茶业区辖；1946 年 2 月，回归莱芜；1950 年，茶业区被划为莱芜县第十一区，1955 年复称茶业区；1958 年 3 月，隶属吉山乡，同年 10 月，成立吉山人民公社；翌年 3 月，属茶业人民公社辖；1984 年 3 月，改为办事处，属茶业口乡辖；1985 年 11 月，撤处并乡，属茶业口乡辖；2001 年，隶属茶业口镇至今。

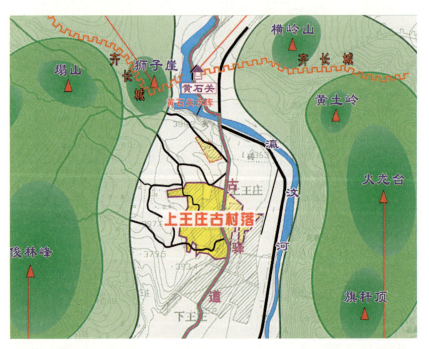

图 3.1　上王庄村区位分析图

2. 村落空间格局

上王庄村地势东西高、中间低，村落东、西侧立有垂直悬崖的俊林山，又名"西火龙台"；与此山遥遥相对的是与其相似但稍显低矮的"东火龙台"；背面则是高耸的黄石崖，崖下曲折的小路，曾是齐鲁两国通行的必经之路，齐长城重要关口之一的黄石关也坐落于此。四周此起彼伏的俊林山、火龙台、黄石崖以及横岭山与环绕大半个村庄的瀛汶河形成了"两山夹一河"的布局结构。

上王庄村随山势而筑，建在山岭之上，村落始建于明万历年间，明清时期建筑主要围绕在古驿道西侧建设，民国时期逐渐向古驿道东侧扩展；20 世纪 50 年代至 80 年代的建筑主要向北、向东南扩建；20 世纪 80 年代以后的建筑主要在村庄东部、东外环路两侧建设发展。

图 3.2　上王庄村鸟瞰图（2023 年摄）

3. 村落典型历史建筑

　　上王庄村四合院建筑群随地势而建，高低错落，布局灵活。院落结合地势，运用立体式布局的形式，采用当地石材垒砌两层石木结构民居，一层用于喂养牲畜或储藏，二层用于居住，两层之间以木头铺设或采用拱券技术。屋架采用木梁檩，旧时屋面多用麦秸或黄草覆盖，现大部分建筑屋面以红瓦覆顶。

图 3.3　传统民居建筑大都采用石块垒砌（2023 年摄）

图 3.4　当地居民使用水泥对建筑墙体进行抹缝处理（2023 年摄）

图 3.5 依地势而建的民居建筑（2023 年摄）

图 3.6 除屋顶覆瓦外，石头是民居的主要建筑材料（2021 年摄）

图 3.7　巷道通常较窄（2023 年摄）

图 3.8　门、窗过梁均采用六面打磨精细的整块条石（2023 年摄）

上王庄村历史悠久，村落遗留下来的传统建筑300余间，主要围绕中部古槐树和石板街两侧布局，形成以古槐树为中心的明清民居建筑群。现存传统建筑主要有章丘抗日县委成立会议旧址——王家大院、《泰山时报》旧址——范纯平院、范家大院、王克祥院、解观付院、王玉芝院等以及大量明清时期的传统民居建筑。

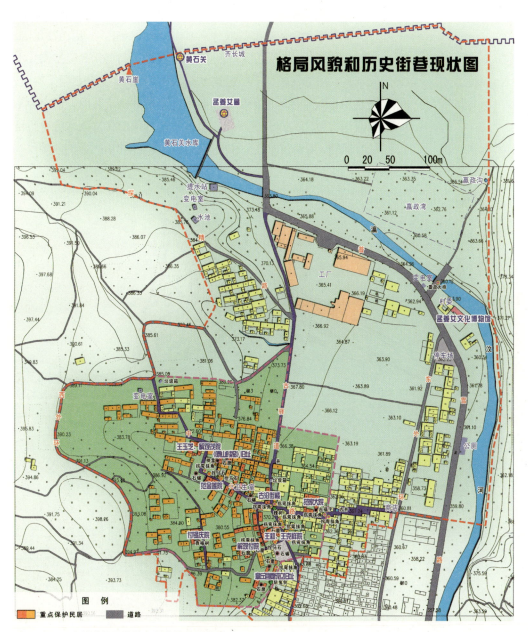

图 3.9 上王庄村落格局风貌和历史街巷现状图

　　章丘抗日县委成立会议旧址——王家大院，大院分南北二宅，北宅共计房屋 12 间，庭院较小；南宅大小房屋 40 间，院子狭长。王家大院主要是由王松林等叔兄弟八人通力合作建造，鼎盛时期，容纳了近 40 口人。王氏一族迁来上王庄村已有 400 多年的历史，共繁衍十一代人。该家族秉承"忠厚持家、耕读继世"的良训，个个忠厚为本，勤劳向善。现因无人居住，年久失修，大院已失去当年的繁荣景象，建筑结构及框架基本保留，屋顶坍塌严重。

　　范纯平大院为典型的四合院结构，北屋为正房，因山高坡陡，南屋、西屋为二层石房，当地人叫二起房，高度比 3 层楼高，上面居人，防潮保暖，下层饲养牲畜或储藏东西，充分利用了空间。建筑用石头砌成，硬山顶，木梁檩，麦秸或黄草苫面，窗户为木制窗棂，屋门为对开的板门。目前，院落依旧保持原有的建筑格局与风貌，《泰山时报》社的印刷厂曾设在南屋的二层小楼内。

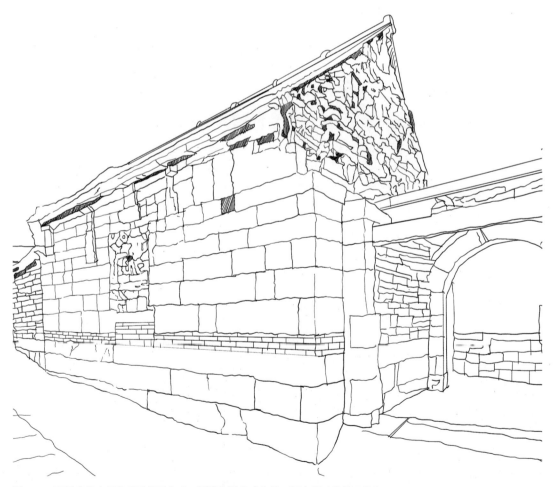

图 3.10　民居建筑大部分采用青石砌成，腰线使用青砖点缀，硬山顶（张林旺绘）

图 3.11　近景为"拐弯抹角"，屋顶虽已坍塌，但全石做成的墙体依然坚固（2023 年摄）

图 3.13　解观付宅院木门
（2023 年摄）

图 3.12　打磨不甚精细的石墙反而有一种古朴沧桑的
感觉（2023 年摄）

图 3.14　解观付宅院直棂窗
（2023 年摄）

图 3.15　影壁墙上的"福字"四角处采用浅浮雕的手法雕刻着四只蝙蝠（2023 年摄）

　　范家大院始建于明清时期，院子宽阔，是典型的四合院结构。福字影壁墙位于范家大院大门内，建于清朝中期，石砌，由座、身、顶 3 部分组成，墙身的中心区域装饰有很多吉祥图样的砖雕，中心方石上面一边雕刻有一个大大的"福"字，带有吉祥之意。墙顶由石刻图案拼贴而成，影壁下半部分被毁。

　　齐长城黄石关又名王陵关，建于战国时期，是齐国重要的防御工事，传说孟姜女哭长城就在此处。黄石关位于锦阳关和青石关之间，起到连接二关、沟通齐鲁的重要作用。黄石关最不同于锦阳、青石二关的地方在于它是利用自然天险的"黄石崖"进行防御。居住在黄石崖脚下的上王庄村人都知道这样的说法："走过九关九口，不敢从黄石关走一走。"

图 3.16　嬴汶河畔的狮子崖（2023 年摄）

图 3.17　黄石关旁的叠涩式石屋（2023 年摄）

图 3.18　街角处的拐外抹角（2023 年摄）

齐长城黄石关段西起北寨山顶，沿东山脊下行至黄石崖，跨瀛汶河，经黄石关门，东上行至瓦岗寨山顶。除关址处城墙被破坏外，尚余两侧高 1.5 米至 2.5 米的千余米石砌城墙还保存较好，城墙用石有花岗岩、石灰岩、沉积岩等不同种类。

上王庄有清代劝伐碑刻、龙王庙《创修碑》等多块古代石碑，还有石桥、石碾、石磨、拴马石、神龛、石雕等。其中现存石雕造型简洁，浑厚古朴，雕刻工艺精湛。村北有座建于清代的石拱桥，又名"干桥子"，桥面两侧装有磨制雕刻的石栏，石栏的四角下石柱上凿有 4 个洞。石桥沿用至今，若有重大节日或村有喜事桥头插上红旗，以示喜庆。

4. 村落民俗生活与非遗传承

莱芜区是孟姜女传说流传的重要地区，境内以茶业口镇上王庄村为核心，辐射齐长城沿线，形成了密集的孟姜女传说集群。2014 年，莱芜市莱城区提报的孟姜女传说被列入国家级非遗代表性项目名录——扩展性名录。上王庄孟姜女传说的表现形式多样，主要有口头讲述、表演传承、空间传承、行为传承等，孟姜女的故事家喻户晓，上王庄村内孟姜女文化传承人已有 85 人。

寒衣节是中国传统的祭祀节日，人们会在这一天祭扫烧献，纪念仙逝亲人。而上王庄村过"寒衣节"历来都是过两天，十月初一各家各户给自己的祖先送"寒衣"，十月初二全村人以及孟范两姓的后人和广大信众到孟姜女坟前烧纸上香，虔诚膜拜，给老祖宗孟姜女送"寒衣"。传承人在孟姜女墓前，以民间小调、快书、大鼓书、莱芜梆子、五音戏、讲故事等形式演唱《孟姜女十哭长城》传唱词。至今上王庄村流传着一首民歌"十月里十月一，家家户户缝寒衣，人家丈夫把寒衣换，孟姜女万里寻夫送寒衣"。

上王庄村传统技艺主要有木雕、石刻、铁艺、织布、剪纸、编织、纸扎等。其中，木雕传承人、纸扎传承人为范玉祥、石刻传承人为解同京、铁艺传承人为魏光斗、织布传承人为景爱珍、剪纸传承人为王福花、条编传承人为范春芝。

图 3.19　村民中的石碾依旧在正常使用（2023 年摄）

肆

中法山村：『一线五村』起点处

1. 地理环境与历史沿革

　　中法山村位于济南市莱芜区茶业口镇中部，齐长城以南，距镇政府驻地 4.5 千米，001 乡道贯村而过。村落滨河而建，呈梭形聚落，东邻上法山村，西接下法山村。村庄建设用地 192 亩，居住户 235 户，人数 703 人，耕地面积 811 亩，主产花椒、南瓜、玉米。中法山村是多姓村，以吴姓居多，其次是王、李、穆、田、张、姚、郑等姓。各族姓特色明显，如吴姓行医，张姓干木工，田姓干石匠等。

　　清康熙《莱芜县志》记载："石城保·中法山。"清朝光绪年间至民国初，中法山村隶属莱邑城北县石城保；民国初期至 1940 年隶属莱芜县七区（或雪野区）；1940 年至 1941 年隶属章丘县茶业镇；1942 年至 1946 年，隶属淄川县茶业区；1946 年隶属莱芜县茶业区（或十一区）；1958 年隶属莱芜县茶业区吉山乡；1959 年隶属莱芜县茶业人民公社；1985 年隶属莱芜市茶业口乡；2001 年隶属莱芜市莱城区茶业口镇（现济南市莱芜区茶业口镇）。

图 4.1　中法山村鸟瞰图（2021 年摄）

中法山村为著名的"一线五村"景点其中之一，该景区共五个村落，分别为下法山村、中法山村、上法山村、卧铺村、逯家岭村，因五个村落沿齐长城莱芜段黄石关—风门道关沿线，所以称为"一线五村"。中法山村于2016年被山东省人民政府列入省级传统村落保护名录。

2.村落空间格局

中法山村地势东高西低，南北两侧为连绵起伏的山脉，中间低陷，向东西两侧敞开。村庄北面有酒盅子山、旗杆顶、穆柯寨，南面有凤凰山、南岭、东岭，法山河由东向西自中法山村南部环绕而过，形成群山环抱、河流相拥、依山面河的村落空间格局。

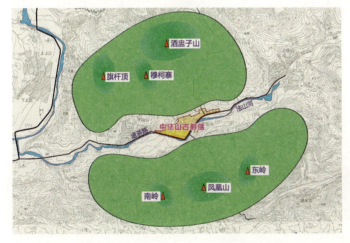

图4.2 中法山村落空间格局图

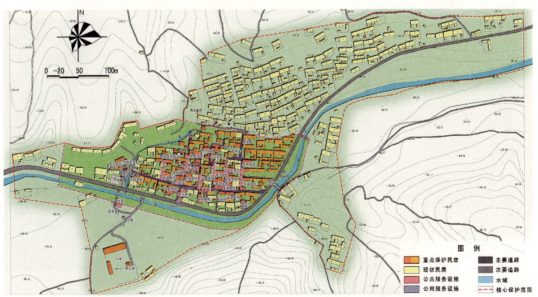

图4.3 中法山传统民居建筑分布图

中法山村主街只有一条青龙街，村落以青龙街为东西发展主轴线，六大胡同（西吴家胡同、李家胡同、姚家胡同、牟家胡同、田家胡同、东吴家胡同）南北纵贯，与青龙街相接，互为连通，构成了中法山村道路空间格局。

图 4.4　村中街巷较窄，民居大都采用石块砌筑（2021 年摄）

图 4.5　全石砌筑的传统民居建筑（2021 年摄）

图 4.6　该处院落受山势影响，空间较小布局紧凑（2021 年摄）

3.村落典型历史建筑

中法山村建于山谷平坦处，村落建筑依山势呈阶梯状布局，错落有致，因受山势高度所限，院落格局多呈典型的三合院、四合院式。每个院落较小，但整体建筑较为高大，因地势高，每栋建筑都有地下空间的运用。地下空间或大或小，结构均以石拱顶为主。

民居建筑的墙体主要选用当地石材垒砌，全石到顶，茅草屋顶，木梁架，直棂式窗，窗洞向院内开口，较少向外开，个别建筑临街开高窗，建筑垂脊一般为石板收口处理，较为富裕的人家采用灰瓦仰合屋面，檐下收口处搭配滴水，并绘有装饰纹样。很多村民院中都有一方石磨、石碾，作为村中的公共设施，目前仍在使用。

　　典型建筑通常代表着一定时期、一定地域的社会、文化和建造水平等，中法山村历史悠久，村落遗留下来的传统建筑众多。代表建筑有吴光珠院（吴氏中医老宅）、王焕芝院（王家大院）、吴峰大院、田生华院、吴宗焕院、野战医院旧址和明清时期大量的传统民居建筑。

图 4.7　王家大院手绘图（张林旺绘）

图 4.8　错落有致的村中小巷，均为全石垒砌（2021 年摄）

　　吴氏中医老宅建于清朝嘉庆年间。石质大门，建造精良，所用石块全部用錾子精心雕刻，墀头两侧各有不同样式的装饰，左侧墀头上为一药壶，寓意"悬壶济世"；右侧墀头上浅浮雕刻有两个杯子，杯上有两种图案，其中一种图案以花寓本草，代表"药王"孙思邈。大门内部两侧有精美的石刻，大门右侧有简易上马石一座。吴氏中医老宅创始人吴信经刻苦钻研，救死扶伤，终成为一代名医，历经7代，现共计60余人从事中医，成为名副其实的中医世家。

图 4.9　吴氏中医老宅门楼高大气派，石块打磨细致，墀头处有精美的浅浮雕，建筑细节颇为讲究（2021 年摄）

图 4.10　王家大院外立面采用对称式布局，拱券式大门（2021 年摄）

图4.11　吴氏中医老宅墀头上浅浮雕两个杯子，代表药王孙思邈能抓药（2021年摄）

图4.12　吴氏中医老宅墀头上的花纹，代表医圣张仲景能诊疗处方（2021年摄）

图4.13　吴氏中医老宅门楼侧面也雕刻着象征吉祥如意的图案（2021年摄）

图4.14　王家大院拱形石门的背部，錾刻精细，细节满满（2021年摄）

图4.15　地下空间是石块砌筑的拱顶结构（2021年摄）

王家大院位于村西，紧邻青龙街，院落可分为东西两院。东西两院倒座夹着大门，大门损坏严重，但依稀可见当时的原貌。门廊前后搭建大为不同，外侧门洞为方形样式，现目前也只剩两侧墀头，内侧门洞为拱形，拱门下碱选用大块方石，又有腰线作为装饰，上部拱形由5块厚重石块凿刻而成，内夹碎石填缝，后期用麦秸泥抹平，拱形门洞后面中部有明显的弧线装饰，錾子两侧刻三角倾斜印。

图 4.16 王家大院拱形门的内部构 造（2021 年摄）　图 4.17 王家大院正门处的卡门石，鏨刻的肌理清晰可见（2021 年摄）　图 4.18 王家大院外墙处的拴马石，为向内凹陷样式（2021 年摄）

　　外墙西侧有一处拴马石和佛龛，与墙平齐，向内凹陷。院内建筑整体砌筑石块较为整齐，东院西院中间多两个房间，但面积相对较小。大院主人系光绪年间进士王瀚亭，官至山东黄县县令，勤政爱民，两袖清风。为官五年，回家省亲，倾五两白银为父母修建此宅，因钱粮不足，只修大门及西院围墙。回到任上后，随行衙差告知乡绅富豪，众人皆感其勤政孝廉，上万民书以颂其德。光绪帝大悦，赏白银千两，命山东巡抚为王瀚庭修建家宅。王瀚庭只用银十几两完善家宅，其余银两送还官府用之于灾民。

图 4.19 建筑山墙上拼出的鱼骨式图案（2021 年摄）

　　吴峰大院位于青龙街北侧，始建于清代，占地面积220平方米，石墙体，灰瓦茅草屋顶。院内有一棵几百年的"文官果"树，传说这棵"文官果"树是吴家先祖的一位文官好友所赠，但他不知此为何树，便将其命名为"文官果"树，寓意官运通达。据后人查阅资料，悉知"文官果"树是中国特有的一种食用油料树种，其果易被人体消化吸收，具有祛风除湿、消肿止痛的作用。

　　中法山村历史悠久，历史环境要素主要有青龙街石板路、青石水渠、青龙桥、法山河石桥、义气碑、石磨、石碾、古井、拴马石等。

图 4.20　村中的青龙桥（2021 年摄）

图 4.21　村中的石影壁（2021 年摄）

图 4.22　青龙大街手绘图（李春绘）

图 4.23　镇宅石刻"吉星高照"（2021 年摄）

　　青龙街由中法山村民王青龙个人修建，全长 182 米，均宽 4 米，蜿蜒曲折，道路中间铺筑石板，贯穿整条街，碎石分布两侧，宛若龙脊与龙鳞。传说村民王青龙自幼吃苦耐劳，助人为乐，后因沾染赌博，家境败落，妻离子散，疾病缠身，经本村名医救治后，幡然悔悟，改过自新。为方便村民出行，他便用青石板铺满整条大街，为警醒后人，故命名为青龙街。

图 4.24　村中的青龙街（2021 年摄）

　　青龙街西侧入口处有青龙桥，由青石堆砌而成，石质护栏，历经多年，桥身仍安然无恙；村庄跨法山河有石桥，石质拱券结构，石护栏，桥体结实耐用，虽经山洪多次冲刷，仍屹立不倒。

　　青石水渠位于村庄北侧，沿山坡修建，石质基础，由青石板拼接而成，水泥砂浆勾缝，用作梯田灌溉。整体保存较好，目前已弃用。

义气古碑，立于清光绪三十一年（1905）六月，候选典史李继栋撰文，为中法山全体村民共同制定的村规民约。碑文大意：清光绪年间，村中赌博恶习盛行，偷盗抢劫时有发生。据此，吴宪玉和王立春召集全村父老共议，立碑戒赌，改善民生。若有屡禁不改，从严处理。另外，经全村人商议并达成共识，禁止盗伐树株，禁止窝藏匪寇，如有犯禁者，从重惩处，绝不姑息。碑文体现了当地百姓疾恶如仇，惩恶扬善的良好民风。

图4.25 村西紧靠王家大院的义气碑（2021年摄）

图4.26 光绪年间的义气碑，是村民共同制定的村规民约，体现了当地百姓疾恶如仇，惩恶扬善的良好民风传承（2021年摄）

4. 村落民俗生活与非遗传承

莱芜梆子剧团是中法山村民和邻村自发组建而成，每年春节和农历六月的农闲时节，剧团就会在村里表演曲目。梆子剧团约20人，吹、拉、弹、唱样样俱全，成员平均年龄50岁。自20世纪50年代始，剧团便开始义务演出，每次演出时，每人都会做好充分的准备，提前将台词熟记于心，演员的表演也颇具神韵。在那个娱乐生活并不丰富多彩的年代，梆子剧团给村民带去了无数的欢声笑语，并延续至今。剧团经常演出的剧目有《打顽固蛋》《小二黑结婚》《井台会》《双生赶船》《小姑贤》等传统曲目，也有现代歌剧《三世仇》等，深受村民喜欢。

图 4.27　村民自发组建的莱芜梆子剧团演出剧照（2021 年摄）

　　中法山村的传统技艺主要有石刻、木雕、条编、书画等。其中，石刻传承人为王焕孝，木雕传承人为吴兆学，条编传承人为田纪书，书画传承人为吴光贵。

图 4.28　村民编织条编的场景（2021 年摄）

　　中法山村也保留着一些丧葬习俗。在举行葬礼时，主家会使用大量纸扎，俗称"纸活"。这是一项制作工序繁琐的手工技艺。它需要将剪纸、彩绘、扎制、黏糊等多种技术相结合，用各色彩纸和金银箔纸制作而成。常见的纸扎有纸马、纸牛、金山、银山、箱子、门楼、花轿、花圈等，村中仍有不少村民以此项技艺为生。

图 4.29　村民的纸扎工艺（2021 年摄）

伍　潘家崖村：悬崖上的月台人家

1. 地理环境与历史沿革

　　潘家崖村隶属于济南市莱芜区茶业口镇，距镇政府驻地10千米，位于"一线五村"传统村落游览区南侧，西距省级风景旅游区——雪野风景区约14千米，东靠逯家岭与滨博高速，北邻中法山，南邻双山泉，区位交通条件优越。潘家崖村雨热同期，季节明显，受丘陵山地地形影响，山谷多风。潘家崖村村域总面积约0.81平方千米，耕地面积297亩，现有43户，143人。2017年4月，悬崖上的潘家崖村被列入山东省第四批省级传统村落。

　　据《崔氏族谱》记载，清乾隆年间崔元亭、崔元剧兄弟由博山桃花泉村迁此建村，崔氏兄弟起初靠放羊为生，因家贫无力建房，在崖下扎窝棚度日，盼望回老家，曾名盼家崖，后谐音成潘家崖。清康熙《莱芜县志》记载："石城保·盼家崖。"据《茶业史志》记载，1942年潘家崖村划归淄川县新六区；1946年2月划归莱芜县；1955年10月属茶业区管辖；1959年3月属茶业人民公社；1984年3月，改称为茶业办事处；1985年11月撤处并乡，属茶业口乡；2001年，成立茶业口镇，潘家崖属茶业口镇至今。

图 5.1　潘家崖村区位分析图

图 5.2　潘家崖村在明嘉靖二十七年（1548）《莱芜县志·县境之图》中的位置（此图据原图着色）

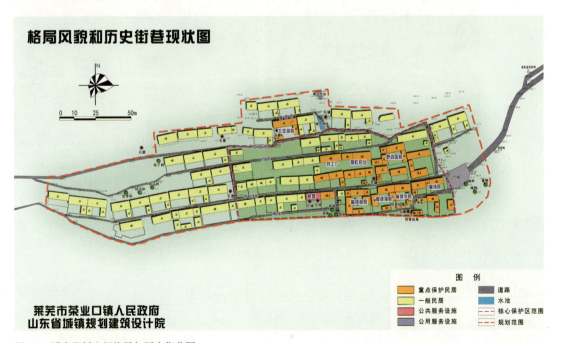

图 5.3　潘家崖村空间格局与历史街巷图

2. 村落空间格局

潘家崖村地势北高南低，村庄背山面屏，背靠横贯逯家岭至潘家崖的一条此起彼伏的巍峨山脉（西产顶、风门崖顶、黄崖顶、鹰嘴崖、黄龙嘴），南侧为悬崖，形险而峻，易守难攻。

村落依山而建，台地错落，上下盘道，街巷随地形蜿蜒起伏并相互连接，形成以东西向道路为主的自由式街巷格局。传统街巷体系完整，脉络肌理基本保留原貌，多为石子路面，部分路面被水泥硬化，路宽在 1 至 2 米，主要道路为中心街，路面宽约 1.5 米。

图 5.4　潘家崖村街巷蜿蜒起伏，路面较窄（2023 年摄）

图 5.5　村内保留着一口清代古井，井口被遮盖（2022 年摄）

潘家崖村因处于群山之中，位置偏僻，传统建筑较集中且基本保持了传统格局，传统公共设施利用率高，并与村民生产、生活保持密切联系。

清代建筑主要围绕村落东部中心街两侧建设；民国时期逐渐向西扩展；新中国成立后，建筑逐步向西部和北部扩展；到 20 世纪 70 年代，房屋建造规模较大，村落面积也逐渐扩大，现沿东西向道路两侧形成带状布局。

3. 村落典型历史建筑

　　潘家崖村现保存有地下水池 1 处、石碾 4 个、石磨 40 个、拴马石 5 个，分布在村落各处。该村有 1 棵古柘树，现存村委东侧路口处，虽已有 300 多年的历史，但古柘树依然枝繁叶茂。村内有一处清代古井，现以石板遮盖，保存较好。

图 5.6　村委东侧有棵 300 多岁的古柘树，向阳而生，枝叶繁多（2023 年摄）

图 5.7　潘家崖村民居多依山势而建，错落有致，坚固厚实（2022 年摄）

图 5.8 潘家崖村背依巍峨山脉，面临陡峭悬崖（2022 年摄）

图 5.9 20 世纪 50 年代建造的地下水池保存完整，水池内部为拱券形式，工艺讲究（2023 年摄）

地下水池建造于 1958 年，整体结构保存完整。蓄水池整体以精细石块砌筑而成，水池洞口仿屋门形式建造，开口较小，洞口上方和左右两侧均用条石砌筑，上方条石凿刻着五角星和菱形、拱形图案，菱形图案内有"饮水思源"四个大字。拱形图案下刻有水池的建造时间，依稀可辨为"一九七二年"。水池内部空间呈长方形，纵深较长，顶部发券，池壁由精细条石砌筑，密闭性较好。在过去山村吃水贵如油的年代，地下水池极大地解决了村民的吃水问题，现水池内还存有干净的地下泉水。

图 5.10 崔继海民居院落，木窗格心为"步步锦"图案，古朴精巧，地窖留有方正门洞（2023 年摄）

图 5.11　民居院落内多有石磨（2023 年摄）　　　图 5.12　村名碑，建于 1989 年（2023 年摄）

　　潘家崖村民居建筑以石头房为主体，风格自然古朴。村内传统建筑主要为清代建造，随着时代的变迁，有少部分建筑进行了改造。传统建筑主要分布在村落东部，其中清代民居有 25 处、民国时期民居有 13 处，目前，村内多数建筑保存良好，部分长期无人居住的房屋损毁严重。潘家崖村民居院落体量小，多以四合院或三合院为主，以一进院类型居多。多处建筑墙角被处理成"拐弯抹角"形式，即拐弯处没有棱角，石块垒砌呈弧形，既能增加建筑的强度，又能方便行人，减少碰撞，避免不必要的损坏。

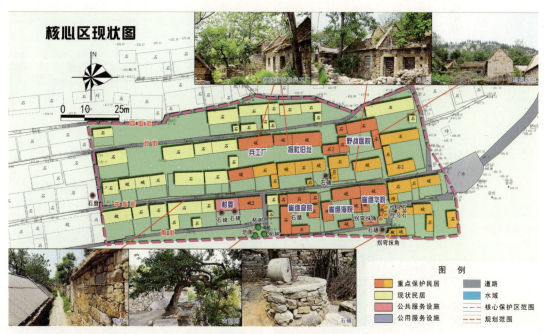

图 5.13　潘家崖村历史要素分布图

图 5.14　抗战时期的野战医院建在山坡处，高差大，石板铺设的小巷蜿蜒而上（2022 年摄）

潘家崖村除了村委、王忠英院等传统民居院落外，还有抗战时期使用过的野战医院旧址、《泰山时报》旧址、兵工厂旧址。抗战期间，《泰山时报》报社和一家兵工厂（子弹组）以大山作为天然屏障，曾驻扎于此，村民白天帮部队拆卸机器藏到各秘密地点，夜里又帮部队将机器安装好进行工作，潘家崖村也因此多次遭日寇扫荡。

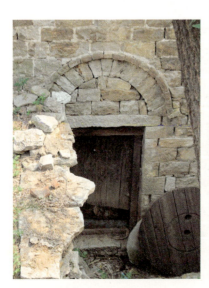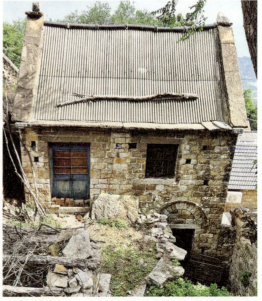

图 5.15　抗战时期的野战医院西厢房是全石建造的双层建筑，下层拱券门简洁耐用（2023 年摄）

图 5.16　《泰山时报》旧址，屋面虽已无存，墙体依旧屹立不倒（2023 年摄）

　　野战医院旧址位于村庄东部、中心街北侧，三合院式。该建筑原为普通民居住宅，建造于清代，采用当地青石垒砌，面积为 208.53 平方米。该院根据地形变化和村落道路系统的走向布置。野战医院旧址由 5 栋大小不一的坡屋顶建筑围合而成，院落内部空间布局紧凑，地面由形状各异的石板有序铺设。北侧正房，由

图 5.17　《泰山时报》旧址与兵工厂旧址以低矮围墙作为间隔（2023 年摄）

图 5.18　村委为两栋并排的二层石砌房屋，砌石打磨精细，立面整洁大气（2023 年摄）

图 5.19 村内随处可见的石碾（2023 年摄）

于时间久远，屋顶已坍塌，木梁架外露。因山高坡陡，西屋为二层石房，上层作为居住空间，防潮保暖，窗户为木制窗棂，屋门为对开的木制山门，结实耐用。下层建筑空间则用于储藏杂物或饲养牲畜，垒砌的拱券门精巧耐看。

《泰山时报》旧址位于村庄东部，该建筑原为普通民居住宅，建造于清代，面积为 103.39 平方米。报社旧址地基高于路面，院内有正房和西侧耳房，两座房屋门前各有三层石阶。屋顶平台上有石板挑檐，现房屋仅剩残损的木门窗框和较为完整的石头墙。

兵工厂旧址紧挨着报社旧址，面积为 70.72 平方米。受地势影响，兵工厂旧址地基略高于报社旧址，二者以乱石搭起的低矮围墙作为间隔。兵工厂旧址为一单体建筑，院内散落着废弃的石碾和树木，正房墙体所用的块石打磨精细，外观十分规整，门前有三级石阶。

图 5.20 兵工厂旧址地基较高，门前设有三级台阶，立面砌石整齐中有变化，形成一个凝固的韵律（2022 年摄）

图 5.21　整修前的村委建筑坐北朝南，两栋建筑用水泥墙隔开（2022 年摄）

　　村委位于村庄中南部，建造于 1972 年，面积为 99.12 平方米。村委院内两栋全石二层建筑并排而建，东侧房屋原已闲置，后与西侧房屋共同用作村委办公室。东侧房屋以一层入户门为中轴线，呈左右对称分布。西侧房屋呈上下对称分布，二层入户门与一层地面由全石砌筑的月台相连接。二层外墙一石块上，刻有毛主席语录：自力更生，艰苦奋斗。1972 年 2 月建造。

　　除此之外，月台下方还有一座关帝庙，该庙原在村入口广场处，抗战时期，村民为守住神龛，将神龛请到村西边，战争平息后，又将其请到了村委月台下。该庙由全石砌筑，庙门上方雕刻着蝙蝠、狮子、太阳等吉祥图案，庙门两侧刻有楹联，内容为：

图 5.22　村委石墙上有一块 1972 年凿刻的"语录"碑（2023 年摄）

图 5.23　村委平面示意图（薛鑫华绘）

图 5.24　村委月台下的关帝爷供奉碑，浅浮雕，工艺精湛（2023 年摄）

匹马平吞魏，单刀直入吴。横批：文武胜人。楹联两侧有"卍"字形纹饰，即万字纹，寓意吉祥。

　　农历五月十三是关公磨刀日，又称雨节，民间有着"五月十三必降雨"的说法。因此，每年的五月十三，村民们会专门做

图 5.25　民居外墙上仍存留着圆弧形和方形的拴马石（2022 年摄）

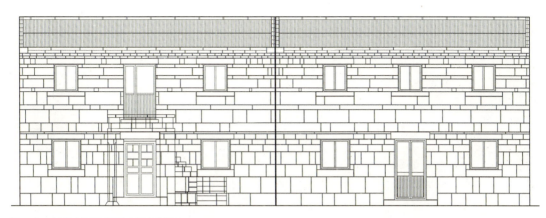

图 5.26　村委立面示意图（薛鑫华绘）

菜供奉关公，并剪下一块布为关公换衣裳，做好准备工作后，全村人都会来关帝庙拜关公。

　　王忠英院位于村庄中部，建造于 20 世纪 60 年代，面积为 112.32 平方米。该院落仅有北面三栋二层联排房屋，全石构造，简洁大方，正房上下两层各三开间，两侧耳房上下两层各两开间。三栋建筑上层均为居住空间，下层多作为储藏空间使用。正房墀

图 5.27　王忠英民居房屋前砌有月台，通过台阶连接上下层、正房和耳房（2022 年摄）

图 5.28　全石垒砌而成的民居外观古朴大方（2023 年摄）

头上刻有"福"字图案，寓意和谐美好；东耳房檐口下有一石刻五角星图案。

月台是潘家崖村民居院落中特有的附属建筑，除村委建筑砌有月台外，王忠英院内的月台更具特色。正房和东耳房前均建有全石结构月台，两座月台之间由"Y"形石台阶相连，分别通向正房和东耳房的上层空间，方便居住者使用。月台下，一侧以石墙支撑，一侧则以石柱作支撑，这样的设计节省了空间，方便进出。出于安全考虑，月台上面均搭建着低矮的石围栏。

图 5.29　正房墀头上阳刻的"福"字（2022 年摄）

图 5.30　阳刻的五角星图案（2022 年摄）

图 5.31　王忠英民居立面简洁厚实，转角
立面如刀砍斧剁，较有特色（2023 年摄）

4. 村落民俗生活与非遗传承

过去，潘家崖村人在红事上有着独特的习俗。村里有人家要结婚，首先要找村内德高望重的长辈来主持。办喜事当天，来贺喜的人都会带六尺布，意为六六大顺，这种布被称作花帐。在经济困难的年代，一块布需要两三块钱，老百姓买不起，因此一个家族会联合凑钱买一块布，买布剩下的钱会给结婚的主家。吃席时，女方娘家来的客人会用"五抽桌"，即有 5 个抽屉的桌子，

图 5.32　部分民居影壁上嵌有石雕的"福"字，"福"字内嵌"寿"字，寓意福寿双全（2022 年摄）

图 5.33　潘家崖村坚固的石砌民居手绘图（薛鑫华绘）

上面 3 个抽屉，下面 2 个抽屉。五抽桌在当时是较有档次的餐桌，是尊重新娘及其家人的表现。

潘家崖村自古至今一直有摊煎饼的习俗，村中大多数村民都会这项传统技艺。摊煎饼多用小麦、小米、高粱、香米等农作物，

图 5.34　石材是潘家崖村民居最主要的建筑材料（2023 年摄）

图 5.35　摊煎饼使用的土灶和鏊子工具（2023 年摄）

做好的煎饼一般八九张一斤，制作方法比较复杂。例如摊小米煎饼，首先要把一半的小米煮到八九成熟，再掺到另一半小米里，也可以加些豆子之类的作物，再用石磨推成煎饼糊子，不稠不薄。用舀子舀起，倒在烧热的鏊子上，均匀地摊开，然后用劈子反复在鏊子上抿，直到抿干，再沿鏊子边把摊好的煎饼揭下来放好，接着用浸透豆油的"油搭子"把鏊子擦一遍，以便摊下一个煎饼时容易揭下来。当然，有时鏊子不好用，也会出现煎饼揭不下来或揭碎了的情况。这种方法制作的煎饼薄如纸，入口即化，十分美味。

图 5.36　潘家崖村家家户户都会摊煎饼，十分美味（2022 年摄）

陆　中茶业村：
有国际影响的民兵示范村

1. 地理环境与历史沿革

中茶业村隶属雪野街道茶业口镇，位于莱城北约 45 千米、镇政府驻地西北 2.5 千米处。东西分别与上、下茶业村接壤，北依俊林山，南接凤凰山。全村现有 365 户，人口 1115 人，耕地 1154 亩。村有李、尚、石、谢、王、蒋、常 7 姓，以李姓居多。

据《李氏族谱》记载，明朝永乐年间李姓由章丘县迁此建村，因村北有山名茶芽（俗名茶叶山），冠以姓氏曾名李茶芽。后改称中茶叶，1949 年后谐音为中茶业。村中明清时期的建筑主要围绕在茶业河北侧、毛主席纪念台南侧建设，民国时期逐渐向毛主席纪念台北侧、东侧扩展。20 世纪 50 年代至 80 年代的建筑主要向东扩建，20 世纪 80 年代以后的建筑主要在茶业河南侧建设发展。2016 年，中茶业村被山东省人民政府评为"省级传统村落保护单位"。

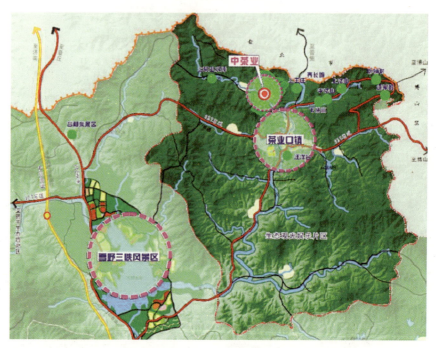

图 6.1　中茶业村位于茶业口镇西北部 2 千米，北邻章丘区官庄镇，西距雪野风景区 11 千米

2. 村落空间格局

中茶业村地势北高南低，村庄南、北两侧为此起彼伏的山脉，茶业河在中部东西横穿，村落随山势而筑，建在山岭之上，形成了"两山夹一河"的布局结构，充分体现了顺应自然、天人合一的人文自然风光。村内院落沿毛主席纪念台周边和主要石板街两

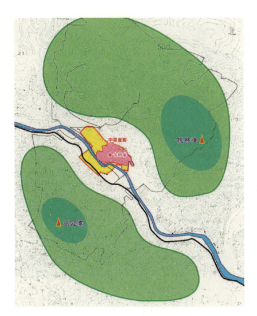

图6.2　中茶业村"两山夹一河"的格局

图6.3　中茶业村航拍图，"两山夹一河"的格局清晰可见（2021年摄）

图 6.4　村中现存的老石磨（2021 年摄）

图 6.5　街角建筑上的"拐弯抹角"展示了"与人方便"的质朴哲学思想（2021 年摄）

侧布局，形成以毛主席纪念台为中心的明清民居建筑群。

3. 村落典型历史建筑

中茶业村历史悠久，村落遗留下来的传统民居建筑众多，主要有李聘德院、李昌盛院、李围德院、李更得院、李晓滨院、石向海院和明清时期大量的传统民居建筑。这些院落一般为四合院结构，正房大都是三间，依山而建。侧房及南房也各为三间，比正房略低。房屋为石木结构，屋面呈人字形结构，木头檩梁，麦秸或黄草苫面，窗户为木制窗棂，进屋门为对开的木制山门，为防止屋檐的山草腐烂过快，置石板防雨。石墙上留出窗户、门，一般用槐木、榆木做窗棂、门棂，结实耐用。中茶业村的大多数

图 6.6　古井井筒全部用石块砌成，井口为整石凿成（2021 年摄）

图 6.7　长寿泉泉水经久不息，是旱涝恒涌的饮水泉（2021 年摄）

图 6.8　风格古朴的中茶业村小巷，立面大部采用全石砌筑（2022 年摄）

图 6.9　沿河古商道手绘图（黄萍绘）

老建筑在临街的拐角处都有一个特殊的设计——"拐弯抹角"，该设计既能增加建筑的强度，又能增加道路的宽度，方便行人，减少碰撞，避免不必要的损坏。现大多数保存完好。

　　毛主席纪念台位于村落中部，最初是一个呈半圆形的小广场，广场北面正中是毛主席半身画像，主席像坐北朝南，背倚俊林峰，面向凤凰山，画像两边是自然生长的百年柏树、榆树、梧桐树。错落有致的民房簇拥在主席台周围。

图 6.10　依山而建的中茶业村环境（2022 年摄）

主席台始建于 1968 年 5 月，选址在村中的火龙台下村西北的"水龙山"龙头上。村民自发捐款捐物出工、出力，建成石砌墙壁，请来莱芜美术馆、泰安文化馆画家，创作了"毛主席去安源"油画。画像高 4 米，宽 3 米，底座高 2 米，长 5.5 米。

2016 年毛主席纪念台在原有设施的基础上扩建，与李念林故居和国际点共同形成党的传统教育基地。扩建工程于 11 月份动工，12 月 26 日毛主席诞辰 123 周年之际顺利竣工。纪念台分为三层共 123 个台阶，象征"毛泽东主席诞辰 123 周年"，超 6 层楼高，占地 100 多平方米。3 层平台每个平台为半圆形，各层左右两侧有石台阶。第一层影壁墙上写着"人民万岁"四个红色大字；第二层影壁墙上是鎏金的毛主席诗词《沁园春·雪》；第三层是毛主席半身正面烤瓷巨幅画像，两边有 7 棵 300 多年树龄的柏树及众多其他树种，平台外沿墙壁上书写着"毛泽东思想永放光芒"9 个大字。

中共山东军分区旧址（茶业民兵抗日事迹国际开放点，简称国际点）位于村落南部。20 世纪 60 年代，济南军区司令员杨得志来到中茶业村，根据当时"反修、防修"国际背景的需要，在中茶业村建立了"茶业民兵抗日斗争事迹国际开放点"和民兵训

图 6.11　中茶业村"茶业民兵抗日斗争事迹国际开放点"简称国际点（2021 年摄）

练基地。从 1966 年开始兴建，1969 年建成开放。整个大院坐北朝南，占地面积 3900 多平方米，建筑面积 590 平方米，共有 3 排房屋。进大门由南向北第一排房屋是民兵斗争事迹展览室 350 平方米，分为 3 个展室：第一展室介绍茶业峪基本情况和当时泰山区抗日斗争形势；第二展室主要介绍民兵英雄李念林带领茶业民兵英勇抗击日本侵略者的斗争事迹；第三展室主要介绍茶业峪全民皆兵、参军参战及奋勇支援前线，在抗日战争、解放战争、抗美援朝战争中所取得的辉煌战绩、获得的荣誉等。

向北第二排房屋是接待室会议室，占地 280 平方米。最北第三排房屋是休息室、简易食堂及民兵训练枪械库 380 平方米。国际开放点设地雷战实弹演习场，面积 35000 平方米，涉及村东道路及河域，东西火龙台南的十岭九沟一面坡上。分踏雷区、水雷区、空雷区、连环雷区、滚雷区等。每当有外国友人前来参观考察，国际开放训练点就组织"红五村"的民兵在李念林的带领下进行实弹演习，每次演习长达 2 个多小时，参加演习的民兵达 150 多人。

国际点开放历经 12 年，先后接待了阿尔巴尼亚、巴基斯坦、南斯拉夫、越南、老挝、古巴、柬埔寨、印度尼西亚等 10 多个国家的元首和军事指挥员前来参观学习，铁托、西哈努克亲王、卡斯特罗等外国元首或政要都曾来考察学习，筑牢了第三世界阵营，弘扬了国际主义精神。

李晓滨院位于中茶业村中部，为清代四合院建筑，建筑面积为 152.06 平方米，结构形式以石砌为主，石墙体，木窗棂，对开木制屋门。院中石磨、古福字石影壁保存较好，现该建筑仍在使用中。

图 6.12　李晓滨故居厢房手绘图
（黄萍绘）

图 6.13　李念林故居正房建成于清朝乾隆年间，距今已有 250 余年的历史（2021 年摄）

李念林故居房屋现共计 9 间，总占地 219 平方米。院落为坐西朝东的四合院，大门位于院落东南角。主屋为西屋，面阔 3 间，土石结构，进门北面两间是客厅，南面一间是卧室。主屋是其先

图 6.14　李晓滨院，清代四合院建筑，墙体由打磨精细的石块砌成（2021 年摄）

祖建成于清朝乾隆年间，距今已有250多年的历史。南屋面阔3间，土石结构，是其先祖于清同治年间建成，距今已有170多年的历史。北屋是1986年建，面阔3间，与主屋和南屋不同的是，北屋为砖瓦结构。

自从1939年李念林23岁参加抗日以来，就在这个农家小院里生活，与敌战斗。解放后，带领村民战天斗地，治穷致富50多年，从南屋到西屋到北屋，一生奋斗，成为了鲁中民兵抗日斗争一座不朽的丰碑。

古驿站临河坐落于村子中间，当地人称其为"官屋"。相传为中茶业建村时修建，至今已有五六百年的历史，是过去古商道上商旅们休憩住宿的重要场所。1932年遇特大洪水将屋顶卷走，一直冲到下茶业村屋架尚未散开。后来村民义务出工、出力、捐款重建，至今已逾80多年，仍保存完好。

抗日烈士刘俊林殉难处——俊林峰位于村域东北侧，原名火郎台、火龙台，海拔721.7米，与齐长城黄石关相连，它是以齐长城上的座座烽火台上的狼烟四起，恰似一条火龙而得名。此山雄伟俊俏，地理位置险要，视野开阔，具有重要的军事价值。

图6.15 李晓滨 院雕饰精致的福字影壁（2021年摄）

图6.16 明清时期的古驿站，已有五六百年的历史，曾是古商道上商旅们休憩住宿的重要场所（2021年摄）

1944 年 4 月 6 日，日军对茶业根据地进行大规模扫荡，茶业区民兵配合主力部队英勇反击，刘俊林是青抗先队长，带领李文富等 5 人从王庄北面把敌人吸引到"火龙台"山上，不幸被众多敌人重重包围。战友先后牺牲，刘俊林打完最后一颗子弹后，把枪砸碎，纵身跳下悬崖壮烈牺牲。泰山地委和淄川县委在其跳崖处的崖壁上铭刻了由薛玉题写的"刘俊林烈士殉国处"，并将火龙台更名为"俊林山"，2015 年 6 月俊林山被山东省人民政府列为重点文物保护单位。

4. 村落民俗生活与非遗传承

中茶业村有省级非物质文化遗产——抬芯子，活动已有 100 多年历史，它的创始人是中茶业村的木匠李迎章、铁匠李念启。1906 年他们发挥"木""铁"技艺上的互补优势，打造了第一批共九架芯子。九架芯子伴着锣鼓配上其他民间伴玩节目，大约二百人的演出队伍每年春节过后走街串巷，形成了一种独特的艺术表演形式。一直传承到 1958 年的这项艺术由于时代原因被迫停止，抬芯子成为仅留存在老一辈中茶业村人心中的历史。石向江老人是抬芯子项目的主要传承人之一，他和村民一起研究，重新拾起了这项艺术，最终抬芯子在中茶业村再次绽放光彩。

图 6.17　抬芯子表演现场（2017 年摄）

图 6.18　2016 年剧团参加民间艺术活动时的获奖证书（2021 年摄）

图 6.19　吕剧表演深受村民的喜爱（2017 年摄）

　　以吕剧为主的传统曲艺已在中茶业村传承了 100 多年，主要传承人为李永德和尚翠德，代表曲目为《小姑贤》《洞宾打药》《王汉喜借年》等。1959 年成立的中茶业村凤凰艺术团是以吕剧为主的传统曲艺民间组织，每年正月初三至初六和元宵节期间都会有曲艺演出。脍炙人口的传统吕剧剧目，深受群众喜欢和传唱，丰富了村民们的娱乐生活。

1. 地理环境与历史沿革

南文字村隶属于济南市莱芜区苗山镇，东距镇政府约 6 千米，坐落在群山环绕中的丘陵小平原中央，东邻常庄，西靠西沟崖，南接响水湾，北连北文字村，东北方向有九十九顶摩云山，山围水绕，环境幽雅。002 县道穿村而过，是村庄对外联系的主干道。

据村碑记载：南文字村在北魏、北齐、隋朝时曾为嬴县治所。民国二十四年（1935）《续修莱芜县志》载：后魏嬴县古城在县东北八十里，今"文字现"，唐大和元年（827）至金代为莱芜县治所。又因址在汶河、淄河分水岭，故曾名"汶淄限"，后演变成"文字现"，自 1958 年改称南文字。除此之外，村庄名称的由来还另有一个说法：村庄东西各有河流一条，向南流淌，交汇于三元宫后的响水湾中；村北有小北山，山前有一宽阔的通道，河与路组成了"文"字，谐音文字现表示"文字出现之意"。

南文字村 1941 年隶属博莱县常庄，1958 年隶属常庄公社，此后又隶属常庄乡，2001 年隶属苗山镇，至今。现南文字村共有329 户，971 人，耕地面积 1261 亩。

南文字村原始户姓为李姓。清初，进士张四教（张道一）第六代孙张峦从张家台村迁居于此，张姓人口渐多。后来又有别的姓氏不断迁入，南文字村也发展成杂姓村，现在全村有张、秦、徐、李等 16 姓，其中张、秦两姓占村庄总人口的 70% 左右。

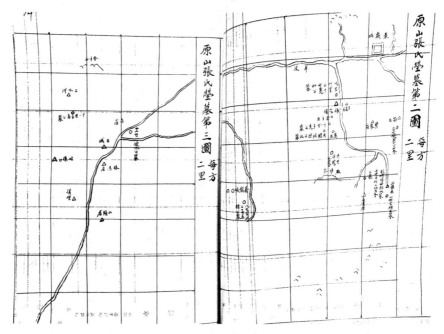

图 7.1　张家为南文字村的大姓，《原山张氏族谱》中南文字村和莱芜城的位置

图 7.2　村庄的主要街道格局仍然保留（2015 年摄）

2. 村落空间格局

南文字村北接泰山山脉，南接大汶河，背山面水，地理位置甚佳。整个村落呈矩形分布，东西各有一条河沟，东北为住户，西南为耕地。村内共有 4 条主路，呈井字格分布，多条小巷与主路交错相连，共同构成村庄的交通道路网。目前除一部分石板路外，大多经过整修，进行了水泥硬化。

南文字村旧时外围有高大的围子墙防护，设有 4 个城门。之所以防护严密，是因为南文字村地势平坦，土壤肥沃，适宜种植，再加之地理环境极好，村人在外经商者也多，殷实人家多，且有集市。明嘉靖《莱芜县志》记载："文字现集在县东北 60 里，斗秤三名，一、六日期。"周围几个村庄都会来赶集，热闹非凡。由于人多杂乱，社会不稳，为防寇卫家，清同治年间，村人绕村建筑了圩子墙（又名祭圣寨），长约 1 千米，墙高 15 米，墙厚 5 米，乱石砌成，防御性极强。圩子墙四门上方均有匾额：东门"会齐"、西门"瞻岳"、南门"安澜"、北门"德胜"。另有新北门、东南门、小便门等小门，各有不同用处。例如，早上规定的时间内，小便门打开，村中所有人都从此门出去到马蹄泉打水，过了时间便把门关上，谁也不准出去。围墙上设有墙道、垛口、炮楼（7 座），作防御用。天黑关门，并有专人站岗巡逻，戒备森严。

后来张峦后裔（4个儿子及其后代）按支派分守东、西、南、北4门。也有另一个说法，张姓是大姓，人口多分布在四门附近，但本门之间人们的关系最为密切，取名时都按本门辈分来取；遇到红白喜事等大事，也是各门自己人聚在一起商量，这种情况一直延续到今天。为防土匪混入村中，清同治年间，原有的集市迁移至常庄村；1939年4月，为防止日寇侵占此处，凭借围墙胡作非为，村民在八路军带领下拆除了圩子墙，仅存两处遗迹。

图7.3　石墙之间的小巷狭窄幽深，仅供一人通行（2015年摄）

图7.4　普通民居院落形制比较自由，院落空间相对开阔（2015年摄）

图 7.5　廊檐结构的观音堂历经重修，现仍在使用（2015 年摄）

3. 村落典型历史建筑

南文字村虽地处莱芜山区，但具有平原地区传统民居的四合院特征，院落宽敞，房屋高大，普遍带有外廊，这样的规模在鲁中山区实为少见。大户的正房前面一般带月台和两侧耳房，即便

图 7.6　过去南文字村四周建有圩子墙，防御性强。图为村东遗留的一段圩子墙（2015 年摄）

图 7.7　张家大院内部胡同（2015 年摄）

图 7.8　房屋高大，普遍带有外廊是南文字村民居的特点（2015 年摄）

不带外廊的正房规模相对较小，也比山东其他地区民居的规模要大得多。南文字村民居还有一个特点是，虽处山区，却并不以石头为主建造，相反，灰砖为主建造的民居占多数，石材仅用于基础、台阶和部分山墙；屋顶也十分讲究，通常的做法是椽子上铺一种很薄的芭砖，上面抹三合土，再铺黄土，最后铺小瓦，屋脊一般为砖雕通脊，这样的结构保证屋顶上百年不会漏雨；墀头、山墙雕刻也丰富精致，檐口为弧形外沿是南文字村民居的又一个特征。

图 7.9　由于院落宽敞，进门的靠山照壁也特别宽大（2015 年摄）

图 7.10　山墙照壁上的铜钱纹样砖雕（2015 年摄）

图 7.11 南文字村民居非常注重装饰之美，山墙上部的砖雕图案极为细腻精致（2015 年摄）

图 7.12 正房前面月台和两侧耳房是南文字村的大户院落普遍格局（2015 年摄）

　　典型代表建筑有张家大院、张家楼房等。张家大院是村中规模最大的院落，位于村子东北部。整个村的四分之一面积，曾是张氏家族的领地，张氏也是南文字村里最富裕、最兴旺的一支。自清代开始，张家就在文字村聚族而居，形成了一块独立的街坊，有单独的街门和胡同，胡同内分布有大小不等的院落，各院落彼此封闭又连通，形成了一处完整的大家族居住空间。张家大院的另一个典型特点是楼房集中，共有七八处楼房，为完全的砖木结构，灰砖到顶，楼房高大、坚固、雕饰精美，体现了莱芜乡村民居高超的建筑技艺。目前尚有两处楼房保存下来。

　　村里还保留着过去的私塾和祠堂。私塾位于村子西北部，坐北朝南，建筑形式同周边建筑，解放后主要用来教授小学学生。过去十里八乡的孩子都到这里上学；祠堂在村子中部偏西，建筑规格最高，雕刻精致，目前是村落的公共活动中心。

图7.13　村内的原民国小学后墙侧立面，窗户为拱形砖碹形式（2015年摄）

图 7.14　村中处处可见高大的民居，这样的规模在鲁中山区实为少见（2015 年摄）

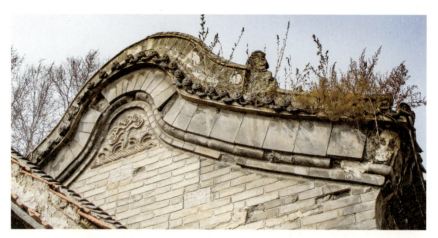

图 7.15　山墙雕饰精美，檐口为弧形外沿，是莱芜南文字村民居的又一个特征（2015 年摄）

图 7.16　石柱础上雕刻丰富的吉祥图案，工艺精湛，山东民居中鲜有（2015 年摄）

图 7.17　民居墀头雕刻精妙传神（2015 年摄）

图 7.18　屋顶的建造结构（2018 年摄）

4. 村落民俗与非遗传承

原山张氏一族的先祖是河北枣强人，明初迁徙至青州府益都县颜神镇后峪庄（现淄博市博山区城东街道办事处后峪社区），后又迁徙至莱芜县南台庄（现莱城区和庄镇张家台村），迄今600多年。其始祖张权，因祖先发祥于原山深处，以山名族，称"原山张氏"。据《原山张氏族谱》记载，张氏族居共38村，皆由张家台分徙各处。张氏八世祖张四教，字道一，号芹沚，莱芜县南台庄人（现莱城区和庄镇张家台村）。传说，张道一家贫，参加科举考试时，因没钱而向本村同族叔伯求助遭到拒绝，无奈之下向南文字村的远房叔伯求助。在南文字村叔伯的资助下，张道一考试高中。官府的喜报没有发回张道一的老家张家台村，而是送到了南文字村。从此，张道一就成了南文字村人。

张道一在莱芜一直是一位传奇人物，他生于明朝万历三十年（1602），卒于清康熙三十三年（1694），终年93岁。清顺治三年（1646）考中丙戌科进士，官至陕西榆林兵备道、按察司副使，诰授通议大夫。他一生乐善好施，轻财重义，不畏权势，刚直不阿，为官清正勤勉，体恤民苦，后因不能应和权贵弃官回乡，其

图 7.19　南文字村张氏家谱（2015 年摄）

平生可谓"为诸生二十年，归休四十年，居官仅十年"。《原山张氏族谱·士传》中对此作了详细记述：

张四教，字道一，号芹沚，父布有德于乡语，在义士烈传中。四教幼负异禀，为诸生时，学问文章为齐鲁所推重。年四十，成顺治丙戌进士，任平阳府推官，断狱明决无宽滞。擢督司主事，转车驾司员外郎。超授山西督学政，藻鉴精微，称知人第一。秩满再举卓异，升按察司副使，特简延榆绥兵备道。地处边徼，又新附，四教省徭役，招流亡，驭军绥民，咸使乐业。凡三年，以不能事权贵告归，时论惜之。四教有性，两执亲丧，哀毁成疾。为诸生时，伯兄忤县令，捕之急，百计救护之，得免。仲兄以公役赴临清，为吏所系。四教徒步申诉，当事览其词，奇之，尽免繫者。友人李生，为仇家所陷，系狱。四教营救之，几并陷，卒多方以出李于狱。其行多类此，又胆识过人。流贼陷垣，四教在巡抚任文水幕中，任被执，同事者皆署伪职，四教独不屈，缒城

图 7.20　残损的门楼显示着张家大院曾经的繁华（2018 年摄）

图 7.21　南文字村春季干燥天长，是盖房修房的季节，只是传统的建房技艺在现在已经失传了（2015 年摄）

走。贼觉而追，潜匿芦中以免。既当官狱，狱无所回屈，而所至皆有政声，人思慕不能忘。生平好为汗漫，游自榆口归孟，遍历诸名胜，布衣草履徜徉山水者四十余年。构斗室于南山苍龙峡，自题曰"乐饥斋"以见志。其为学以程朱为宗，晚岁所造益深，乡之人莫能识也。卒年九十三岁。著有《大榆山房诗文集》存世。康熙三十八年，崇祀乡贤。——《县志》

　　张道一生性诙谐，莱芜人称他为"张闹玄"，有很多关于他的脍炙人口的传说故事流传于民间，如《朝堂脱靴》《状元徒弟陈廷敬》《玉波楼》《发配河南》《义助孝子》等。2008 年 12 月，《张道一的传说》被列入莱芜市市级非物质文化遗产项目名录。

马杓湾村：

博山莱芜搭界的清泉村

1. 地理环境与历史沿革

马杓湾村位于济南市莱芜区与淄博市博山区交界地带，是山东省重要城市济南、淄博、泰安连线围成的核心地带。村子位于莱芜区和庄镇驻地东南方向7千米处，距莱芜区政府驻地东北40千米，西北距济南120千米，西南距泰安100千米，东北距淄博市中心城区65千米。

村庄四面环山，东邻东台山、牛头山，西邻平州顶，北有油柏顶，南有苦力顶，唯有东北方向有狭窄通道与外界相通，故有"三山顶立、紫气东来"的吉祥寓意。山与山之间形成若干条沟峪，这些沟峪汇聚雨水又相对平坦，被村民依托地势构筑起壮观的摩云梯田。

马杓湾村建村至今已有600多年历史，据《袁氏家谱》记载，袁姓于明朝中叶（约1400—1500）迁至此地建村，因见山谷中多是桃树、杏树，故名"桃杏村"。村口有旧村名摩崖石刻，"桃"字清晰可见。后有高、王、魏、仲、郇等姓陆续迁此，至清朝初年，以村西南马杓状湾更名为马杓湾村，现村中有14姓宗族，袁姓居多，占比约55%。

图8.1 原村名桃杏村的"桃"字摩崖石刻（2021年摄）

2. 村落空间格局

　　明朝中叶袁姓迁此建村，村民主要居住区分布在村庄中西部山峪地带，轮廓形似牛头，又似元宝。受四周高、中间低、西边高、东边低的地形影响，马杓湾村布局依山就势，台地错落，民居多聚居于谷间洼地与向阳北坡上。道路街巷随地形起伏蜿蜒，相互连接，以东西向主街为主干，形成鱼骨状自由式的街巷格局。村庄最初以马杓状湾为中心发展，逐水而居，后来随着村中人口的增多，新建房屋开始沿山谷走势向外发展，村落中心也随之外移。发展至今，村内民居沿村西的古槐树与村中主要石板街两侧分布，形成以袁家大院与北大门口为中心的明清民居建筑群。

图 8.2　村内现存的淄川袁氏家谱

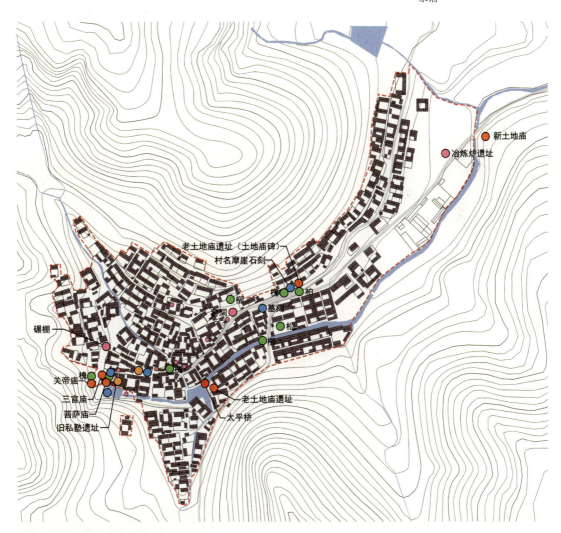

图 8.3　历史环境要素分布图

① 三官庙
② 袁家大院
③ 袁家北大门院
④ 袁家西大门院
⑤ 袁家北崖头院
⑥ 袁家东院
⑦ 郇家大院
⑧ 李家大院
⑨ 高家场及周边院落
⑩ 石头倒座房
　　灰砖海青房
　　红砖海青房

图 8.4　传统民居分布图

图 8.5　村北的马杓湾手绘图（黄萍绘）

3.村落典型历史建筑

　　自明朝中叶建村以来，马杓湾的合院建筑最为典型。早期村内合院建筑多用质地较硬的石灰岩砌筑，后期在此基础上，又发展出由青石、青砖、麦秸等建成的海青房。海青房是在门窗框周边砌筑青砖，有的还会在房屋四角用青砖，其余部位为青石、土坯的一种建筑形式。过去山区人们经济条件落后，建房能用得起青砖者极少，有钱人家也只在门窗框周边或者在房屋四角用青砖装饰，后来村民便将这种房子称为海青房。它主要分布在淄川、博山、莱芜一带。马杓湾的合院民居主要以海青房作为基础形制，

图 8.6　青石板街巷，"愚公移山改造中国"八个阳刻大字格外醒目（2021 年摄）

图 8.7　村内仍在使用的石磨（2021 年摄）

图 8.8　土地庙碑，碑体残缺，但碑文仍旧清晰（2021年摄）

图 8.9　村北砌石围护的马杓状湾（2021 年摄）

图 8.10　村落民居沿街巷错落有致地分布（2021 年摄）

因地制宜建造正房、厢房、倒座房，合院天井多以石头铺砌并组合成吉祥纹样图案。村中主街北侧的四合院大门多开在东南角，

图 8.11　石板路边围墙为全石垒砌，与民居呼应形成独具特色的村域环境（2021 年摄）

图 8.12　民居地基以石头砌筑，灰砖、石块、土坯砌筑墙体，山墙另开窗户，窗框周边及房屋四角用青砖装饰（2021 年摄）

主屋居北。但受地形地势影响，合院无严格的坐北朝南和中轴对称的布局要求，灵活布局。

　　村中明清时期的海青房，地基以石头砌筑，以灰砖、石块、土坯砌筑墙体，麦草泥抹面，墙体很厚，冬暖夏凉。以麦秸作为屋顶材质，以薄青石板或灰小瓦出檐，屋顶轻盈抗震。海青房使用地炉取暖，地炉建于室外窗户下部，炉口采用灰砖发券，可烧柴烧煤。

　　除海青房外，村中还有若干质地较硬的石灰岩砌筑的石头房，是村内建造辅助用房的主要建筑形式，石块层层堆叠，墙体厚实，十分坚固。村内唯一的碾屋位于东西主街的尽头，碾盘由整块石头制成，现仍可正常使用。碾屋为石木结构，窗户为拱券结构，新中国成立后曾做过外立面改造，上端还保留着五角星标志。

　　太平桥位于村落中部，建造于清代。旧时是连接齐鲁的重要商道节点，因大路上匪盗横行，往返于齐鲁两地间的商旅改行马杓湾这一山间小路，奈何有村河阻挡，故集资建桥，为追求路途平安，天下太平，名太平桥。桥身有一龙头朝向三溪，一龙尾对

图 8.13　碾房墙体为全石砌筑，拱券窗，上端保留着新中国成立时的五角星标志（2021 年摄）

图 8.14　碾屋内，石磨保存状况良好（2021 年摄）

图 8.15 太平桥正立面，全石建造，单拱，保存较好（2021 年摄）

准汇流后之水，呈龙吞溪流之状。

三官庙位于村西南马杓状湾北临，坐西朝东，庙建造时间不晚于明弘治十八年（1505），与建村处于同一时期，庙中奉祀民间信仰的三元大帝上元天官、中元地官、下元水官，有碑记云"三元大殿"，故称三官庙。三官庙是道教建筑与当地民居海青房结合的宗教建筑，屋顶为硬山顶，人字山墙，外部灰砖灰瓦，朱红立柱与门窗，额枋上有精美的宗教故事彩绘。

图 8.16 太平桥拱顶石雕蚣蝮首（2021 年摄）

图 8.17 重修三官庙碑记，依稀可辨碑题从右到左分别为"重修庙碑""芳名裕后""重修碑记"（2021 年摄）

图 8.18　三官庙立面，七层台阶，前出廊，硬山屋顶，额枋上有精美的宗教故事彩绘（2021 年摄）

据碑文记载，三官庙在明清两代经历多次翻修，主要以屋顶修葺为主，其抬梁式主体结构未有改变，墙体、地面拼砖保存也较为完整。

袁家大院是全村目前保存最为完好的清代民居建筑，被列入济南市第一批历史建筑名单。袁家大院于清代建成，三水环绕，外圆内方。西屋为正房，面阔 3 间。院内的南北厢房、倒座房、

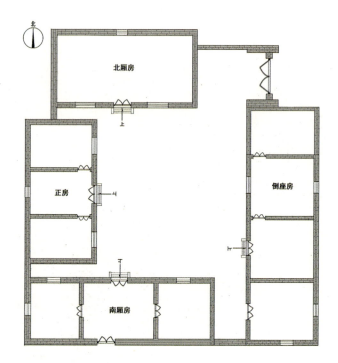

图 8.19　袁家大院平面示意图（黄萍绘）

图 8.20　硬山顶，灰瓦出檐，木过梁门窗的袁家大院正房正立面（2021 年摄）

图 8.21　袁家大院大门，青石为基，青砖筑体，灰瓦拼花的院墙，被称为鲁中海青房合院建筑的代表（2021 年摄）

图 8.22　门楼脊檩上题字"峕皇
清光绪叁拾肆年岁次戊申季春既
望主人袁心钊、平"（2021 年摄）

图 8.23　影壁"福"字为全石雕刻，线条灵动（2021 年摄）

图 8.24　袁家大院大门菊花纹样腰枕石，线条流畅（2021
年摄）

图 8.25　袁家大院大门梅花纹样腰枕石，雕刻精美（2021
年摄）

　　光绪三十一年的（1905）合院大门、灰瓦拼花的院墙、全石雕刻
的"福"字座山影壁、均雕有精致的菊花和梅花图案的腰枕石，
可谓鲁中海青房合院建筑的代表。土地改革时期，两座院落被分
给贫下中农居住。

　　袁家北大门院系袁家大院孪生四合院，清代建成，外圆内方，

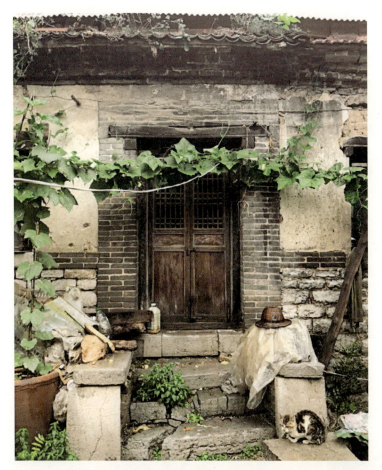

图 8.26 袁家北大门院西厢房，青砖、砌石，土坯砖建造，门前有三层台阶
（2021 年摄）

图 8.27 袁家北大门院院落实景（2021 年摄）

图 8.28　袁家西大门院现存的镙耳墙立面，形似官帽，有"独占鳌头"的寓意（2021 年摄）

图 8.29　袁家北崖头院倒座房临街青砖拱窗（2021年摄）

院中有院，是村中四合院院中有院的代表。因大门坐北朝南，故称北大门，北大门口曾是村落的中心。院中正房、东西厢房、倒座房均为海青房。

袁家西大门院位于袁家大院以南、袁家北大门院以西，坐北朝南分内外两院，因大门坐西朝东，故称西大门院。西大门院原为一个大门中内外两院，民国时期外院南屋改北屋分为南北两院。镙耳墙，是海青房硬山顶的一种独特山墙，形似官帽，现村中仅存袁家西大门院南北两座海青房的镙耳墙。袁家西大门院与袁家大院、袁家北大门院同属一宗。

北崖头院原为村中采土场，紧靠北山。新中国成立前后修筑合院，因位于全村北崖头，故名北崖头院。北崖头院是全村布局最方正、面积最大、保存最为完好的四合院，北屋面阔七间，三间正房两侧各有两间耳房，是村内海青房四合院建筑成熟时期的代表院落。

图 8.30　袁家西大门院"格子门"风格古朴（2021 年摄）

"五合井居"民宿集群是由济南市住建局牵头的省级传统民居修缮保护试点项目，目前已成为马杓湾村传统民居保护与利用的试范亮点。该民宿集群由清华大学建筑学院设计，将五个天井组成的传统民居院落按照当地海青居的外貌形制进行修复，内部配以现代化简约的装修风格，使其得以充分利用。

图 8.31　传统民居院落改造的民宿集群——五合井居（2021 年摄）

4. 村落民俗生活与非遗传承

马杓湾村民风淳朴，习俗文化浓厚，志公传说在当地百年传承，流传不断。志公又称"宝志""保公"，当地人称为"志公老爷"。与龙王类似，志公在当地起到雨神的作用。每遇大旱，以马杓湾村为中心，方圆数十里民众就会群起响应，举行搬志公的祈雨风俗。农耕时代，降水多寡直接决定了一年的生计好坏，山东中部地区旱灾频繁，祈雨盼丰收是雨神崇拜的根源，而马杓湾作为水源地，自然成了志公雨神崇拜的中心。

搬志公需要挑选良辰吉日，上午将志公的神胎从志公洞中请出，在盛大的仪仗下，志公神胎被迎接到村西南马杓状湾北临的三官庙大殿。中午进行祭祀与诵经活动，所诵经文是《梁王经》。《梁王经》由师徒口口相传，并无文字记载，现仅有一位 80 多岁的老人能够成诵，濒临失传。

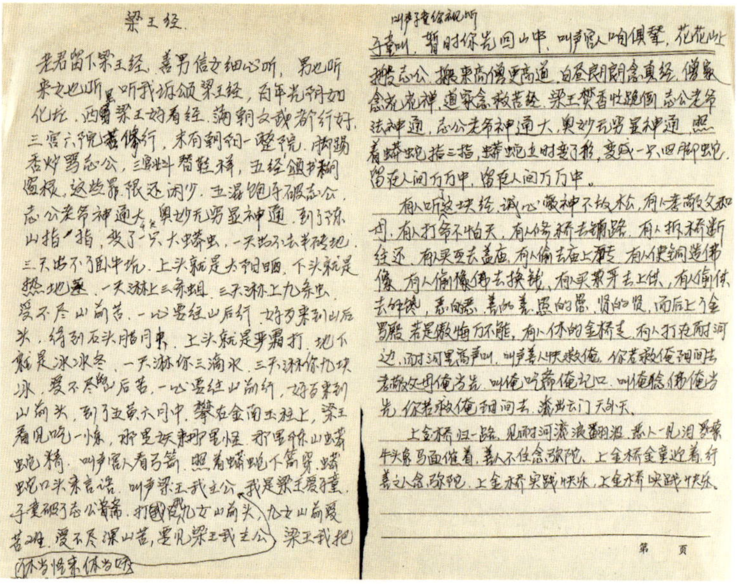

图 8.32　《梁王经》经文，由诵经人口述笔录（2021 年摄）

除志公传说与搬志公习俗外，马杓湾村还会举行三官庙会。每年农历三月初三，马杓湾村都要举行盛大的三官庙庙会活动。庙会常与搬志公配合举行，体现了道教与佛教的民间融合。庙会除诵经祭祀外，还有锣鼓与蹉地舞表演。民间传说三官庙系博山颜神（俗称颜山奶奶或颜奶奶）的姥娘家，在庙会举行前需要将颜神接至三官庙省亲居住几日。

　　志公传说与搬志公习俗、三官庙庙会将马杓湾村的湾、庙、洞、山、村整合为一个有机整体，完整展现了农耕文化的整套求雨、生活、生产信仰体系。

　　正月十五闹元宵也是马杓湾村的重要风俗，主要活动包括扭秧歌、划旱船、骑毛驴、舞龙舞狮等，队伍长达上百米，走街串巷，访问邻庄，送上节日的祝福。在长龙队形中，由锣鼓队敲打的锣鼓鼓点保障进退与行进节奏。锣鼓队的鼓点乐谱称为《扁鼓槌》，由鼓、大锣、小锣、大镲、小镲、钹等若干乐器合奏，以鼓点节奏为核心，锣镲钹伴奏，鼓点密集起伏，节奏明快，在村中流传上百年。

　　马杓湾村因靠近博山，故饮食受博山菜影响很大，具有浓厚典型的博山风格，酥锅、豆腐箱是典型代表，也是遇重大节庆时必不可少的传统美食。

图 8.33　马杓湾村遇重大节庆时必不可少的传统美食豆腐箱（2021 年摄）

玖

吕祖泉村：
齐鲁古道上的八仙遗址

1. 地理环境与历史沿革

吕祖泉村隶属济南市莱芜区雪野街道，位于雪野街道办事处北约 2.5 千米处，南侧为雪野湖旅游度假区，东与鲁地村、岭东村相接，北邻娘娘庙村，西接西峪村，南邻上游村。S234 省道贯通该村南北，将该村分为东西两部分，村落面积 23 万平方米，村民居住较为集中。

据《朱氏谱碑》记载，元朝末年刘、邱两姓居此。现吕祖泉村现有朱、王、毕、孙、刘、马、赵、柏、郭、张、谢、李、韩等 14 姓，以朱氏和王氏居多，村民多为汉族。各姓氏之间交错居住，形成大分散小集中的格局。截至 2021 年，全村现有 602 户，人口 1490 人。

相传，吕洞宾等八仙由西天云游去东海，途经此地，发现这里的百姓困于无水，因此吕洞宾在山下指地为泉，为村民们解除了缺水之忧。为感谢仙赐的恩惠，人们把吕洞宾尊称为吕祖，将山泉命名为吕祖泉，村名也定为吕祖泉。2021 年 10 月，吕祖泉入选"济南市第一批传统地名保护名录"。

图 9.1　吕祖泉村在明嘉靖二十七年（1548）《莱芜县志·县境之图》中的位置（此图据原图着色）

2. 村落空间格局

　　吕祖泉村处于山间谷地，受四周山体限制，难以形成纵深较大的空间，村落总体发展趋势是沿齐鲁古道横向发展。村落以惠沂线为中心，分成东西两大片区，运粮河支流南北向弯绕贯穿村庄，村内古道直通锦阳关，为古时齐国与鲁国之间的交通要道。古道人员来往密集带来经济的发展，为了满足来往行人的食宿需求，吕祖泉开设了驿站、药店等商铺，依齐鲁古道而形成的商贸型街巷空间成为该村的独特之处。村内道路主次分明，古道连接公共建筑和公共场所，次路连接各民居院落，街巷布局总体呈鱼骨状。

图 9.2　吕祖泉村域环境示意图

3. 村落典型历史建筑

　　受齐鲁古道的影响，吕祖泉村的院落可分为两种类型：一类是沿齐鲁古道建设的临街商铺民居，这一类民居呈东西向设置，各个院落的厢房之间紧邻，建筑高度大致相等。沿街立面由两侧的门楼和倒座立面组成，界面连续，商铺建筑与院落入口直接面向主路开放，形成良好的商业氛围。另一类是坐北朝南以居住为目的的院落，由正房、耳房、东西厢房、倒座等建筑围合成内院式住宅。这类院落通常会选择从主路引出次级道路，通过支路或巷道进入院内。

图 9.3　齐鲁古道旁的传统民居院落（2023 年摄）

　　　　吕祖泉传统民居建筑类型按照材料可划分为三种，分别为石砌房、砖石混合房及土坯房。石砌房由全石砌筑而成，土坯房受降水等自然条件影响较大，墙体受损严重，现有的土坯房大多会在墙体外另加一层水泥砂浆抹面以增强墙体的坚固性，减少风雨侵蚀。

图 9.4　吕祖泉村部分民居建筑采用石基和土坯砖建造而成（2023 年摄）

图 9.5　朱晓真院落正房山墙用土坯砖砌筑，用麦秸泥和大白抹面（2023 年摄）

图 9.6　村内典型街巷，无论是建筑还是道路，石材均为最重要的建筑材料（2023 年摄）

图 9.7　用料选择块石和条石垒砌的全石结构民居建筑（2023 年摄）

图 9.8　运粮河畔的民居建筑基础采用石砌，高大坚固，可以有效地抵御河水的冲刷（2023 年摄）

图 9.9　朱晓真大院为典型的四合院布局（2023 年摄）

图 9.10　通往屋顶的石台阶（2023 年摄）　　　图 9.11　村中的红瓦屋顶是 20 世纪七八十年代民居建筑的特色之一（2023 年摄）

　　吕祖泉村保存较好的传统民居建筑 20 余处，其中完整保存了柏家药铺、毕家店两处商业建筑，居住建筑中又以谢家老宅、赵坤富宅院最为典型。

　　柏家药铺传承至今已经是第三代，柏家药铺尤其擅长治疗跌打损伤、接骨推拿，凭借这门祖传的医术，柏氏先人当年在老街上为无数来来往往的客商和旅人解除了痛苦，柏家药铺的名声也随着来往的旅人口口相传，响彻方圆几百里。

　　柏家药铺是一座独立的院落，为民国时期的建筑，墙体全部由青石砌成。现存建筑中门楼保存较为完整，硬山顶，檐口采用直线与折线相结合的菱角檐形式，门匾刻着"柏家药铺"四个大字，大门间距较大，可通马车。大门中间有门胆，双门插关横插。门楼墙基为青石，腰线以上为青砖，山墙上部还装饰着简洁的山花。

图 9.12　柏家药铺手绘图（张林旺绘）

图 9.13　运粮河畔的传统民居排列规整，错落有致（2023 年摄）

毕家店为齐鲁古道吕祖泉段最大的客栈，建筑坐落于中街中段，是一座标准的清代建筑，大门前 3 级台阶，两侧有上马石。入门之后有四个院落，北院为主家居住，南院为客人居住，车马停放在后院。

图 9.14   吕祖泉最大的客栈——毕家店（2023 年摄）

图 9.15   "齐鲁古道"两旁建筑外墙上的拴马石（2023 年摄）

"齐鲁古道"吕祖泉段在吕祖泉村的正中央，全长 500 米，古道全部用青石铺就，表面光滑锃亮，中部有一道深浅均匀的槽沟，是当年被独轮推车的车轮碾压而成。这条曾繁华一时的古道穿过吕祖泉村，跨越齐长城锦阳关，是济莱两地交流的南北官道，也是重要的商贸通衢。现在为满足村内行驶的需求，在古道两侧铺设了烧结砖，改善了古道路面，但中央的车辙痕迹仍被完整的保留下来，最大限度地保留了时代印记。

图 9.16　青砖青石铺就的"齐鲁古道"见证了吕祖泉曾经人来人往的繁荣景象（2023 年摄）

　　"吕祖泉"为吕祖泉村世世代代的饮用水源，泉旁有井，泉景相通。古井深 15 米，圆形井口直径为 60 厘米，在岩缝中开凿而成，井口巨石上有 23 道井绳磨出的沟槽，记载着千百年的沧桑岁月。

图 9.17　河边泉亭中的井盖下为吕祖泉（2022 年左庆摄）

图 9.18 吕祖泉村的饮用水源——吕祖泉 （2023 年摄）

图 9.19 雨季，吕祖泉之水从 井中溢流进入旁边的泉池（2022 年雍坚摄）

"广济桥"为村中的青石板桥，南北走向，9 孔，宽 4.2 米，长 21 米，两端引桥各 3 米；桥高 3 米，由 3 层巨大青石板铺成。桥头四角饰以石狮、石五星等。该桥始建于明朝万历八年（1580），在桥北头有碑纪念；清末重修，又立碑文。解放济南时，两碑因阻碍军车通行而被砸毁。

图 9.20 长 21 米宽 4.2 米的"齐鲁古道"运粮河上的古桥——广济桥，是村民通行的要道（2023 年摄）

　　"东风大桥"为1966年修建，属于敞肩式拱桥，敞肩的样式不仅减轻了石桥自身的压力，当遇洪水时，还可让洪峰有效地从敞肩拱洞通过，减轻洪水对桥体的冲击。东风大桥为原莱明路的必经之道，曾经为莱芜的发展做出了巨大贡献。

图 9.21　东风大桥手绘图，该桥形似赵州桥，单孔敞肩，造型优美且科学（张林旺绘）

图 9.22　红色遗产——东风大桥（2021 年摄）

图 9.23　村中保存较好的石磨盘（2023 年摄）

图 9.24　村内随处可见的石磨（2023 年摄）

4. 村落民俗生活与非遗传承

吕祖泉村每逢正月初一至初五、正月十五等传统节日期间，有一技之长的农民便自发组织起一个个"庄户剧团"，走街串巷进行表演。他们农忙时下地干活，农闲时登台演出，成为农村文化阵地的生力军。"庄户剧团"大约有 30 余人，人们走上街头义务演出，并伴有扭秧歌、打花棍、舞狮子等节目，一个个精彩的节目，营造出浓浓的节日喜庆气氛。庄户剧团把新农村的喜人变化和身边的好人好事，编成戏曲、快板、小品等节目奉献给群众。因为演的是身边的人，唱的是身边的事，所以节目富有浓郁的乡土气息，深受群众欢迎。除了扭秧歌等传统剧目外，他们还自编自演了《吕祖泉的传说》《锦阳关》《辕门斩子》《诸葛亮吊孝》等节目，深受群众喜爱。

吕祖泉村各姓氏家谱保存较好，现有《谢家族谱》《李氏家谱》《颜氏族谱》《孙氏族谱》。《谢家族谱》于民国二十六年（1937）丁丑孟秋续修，博山三元堂印制，记载孙氏世系十一世至二十世，该族谱现藏于谢兆华家。《李氏家谱》于民国二十一年（1932）中秋续修，世亲堂印制，载有娘娘庙村、抬头村等李家世系，该族谱现藏于李先柱家。《颜氏族谱》由十二世孙修，民国二十九年（1940）冬续修，该族谱现藏于颜春江家。《孙氏族谱》，民国六年（1917）续修，该族谱现藏于孙曰文家。

图 9.25　正月十五扭秧歌、打花棍、舞狮子等节目，给村民营造出浓浓的节日喜庆气氛（2023 年摄）

图 9.26　谢氏族谱（2023 年摄）

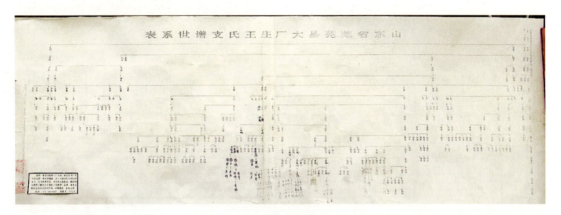

图 9.27　王氏族谱（2023 年摄）

图 9.28　村民堆放、碾打和晾晒农作物的"场"（2023 年摄）

娘娘庙村：

锦阳关下泰山奶奶庙

1. 地理环境与历史沿革

娘娘庙村隶属济南市莱芜区雪野街道，位于齐长城锦阳关以南，为山区丘陵地貌，四面环山。西邻大厂村、北峪村，南邻吕祖泉村，东邻鲁地村。省道 242 线从村中穿过，K204 公交车直达本村，距济青南线出口、济莱高铁雪野站各 5 千米，距济南主城区 45 分钟车程，交通便利。

村庄始建于明洪武年间，最早由邢姓和王姓人家居住，但因自然条件较差，人口相对较少。康熙十一年（1672），莱芜知县叶方恒招募民众，先有济南历城高炳，再有东台头张琨搬来居住在锦阳关前，建"长城岭村"。后来，陆续不断地有人搬来，分布在锦阳关南 800 米的道路两旁。前后共计十姓人家搬此居住，便又组成了一个小村，取名十姓官庄。

明万历年间，道士翟蜂到章丘旧军孟家化缘重修"泰山奶奶庙"，后来联合吕祖泉、鲁地、大厂、北峪、胡多罗、蜂窝等村在农历四月十八日泰山奶奶生日这天成立庙会。从此十姓官庄改为娘娘庙村。

全村现有朱、翟、毕、孙、刘、康、高、耿、石、张、秦、邢、韩、王等 14 姓，以孙氏、耿氏、石氏、秦氏和张氏居多。各姓氏之间交错居住，形成大分散、小集中的格局。

图 10.1　娘娘庙村在明嘉靖二十七年（1548 年）《莱芜县志·县境之图》中的位置（此图据原图着色）

图 10.2　娘娘庙村历史文化要素和规划示意

　　娘娘庙村耕地面积 460 亩，林业面积 1300 亩，农作物以小麦、玉米为主。村庄山区植被丰富，森林覆盖率较高，是一个典型的以农林为主要经济来源的村落。

2. 村落空间格局

　　娘娘庙村南北长 1000 米，东西均宽 260 米。省道从村中穿过，将村落分成新村和古村两部分。村中传统民居分布错落有致，光滑的石板路从古村穿过，直达锦阳关，古树遮天蔽日，古井深不可测。村内有一石板路，石板路两侧皆为石屋，保存较为完好，至今尚有村民居住。

娘娘庙老村街巷四通八达，以南北向的古商道——齐鲁古道为依托，通过 5 条巷口向外呈扇形辐射，再由大大小小的 27 条巷口连接而成。

图 10.3　娘娘庙村空间格局图

娘娘庙村以南北向省道 242（莱明路）为依托，向周围发散形成若干条支路，路网密度大，道路较为平坦。省道 242（莱明路）以东基本为现代居民住宅；省道 242（莱明路）以西，沿南北向的齐鲁古道两侧基本为传统民居。

图 10.4　娘娘庙村的石板路蜿蜒幽深，构成村内主要的交通网络（2023 年摄）

3.村落典型历史建筑

    娘娘庙村传统民居现存约44座，其中沿古街道有32户。古街第一段长195米，平均宽度5-6米，中间铺有一条宽度50-70厘米的青石板路，两侧为沙土路。传统民居按大门朝向不同，其主屋或坐北朝南，或坐西朝东，房屋几乎全部是石头房。

    石屋依地势而筑，错落有致，院落布局灵活，以实用为主。村内民居过去主要是山草覆顶，冬暖夏凉。采用山上的黄草或收成后晒干的谷秸秆覆盖房顶。由于山草容易腐烂，屋顶每隔一二十年就要进行一次覆草加固，加之现在的山草采收不易和山草覆顶的传统建造技艺已近失传，所以现在村民翻修屋顶已改用苇箔和红瓦。用于建房的石头，就地取材，早期所用石材形状多为不规则小石块，后期随着村民经济条件好转，石块大多经过精细打磨和加工逐渐变得规整美观。

图 10.5   民居采用山石砌筑，墙体石块大小不等，门前设有青石台阶（2022 年摄）

图 10.6   普通民居的板门，造型简单，立于青石铺就的台基之上（2022 年摄）

图 10.7   朱家宅院的格子门，简单古朴（2022 年摄）

沿石板路拾级而上，路边有众多石头垒砌的房屋、院墙、门楼等明清至民国时期的传统建筑。这些传统建筑依地势而建，取山石筑造而成，与周围环境浑然一体，古朴自然。

村内传统建筑代表了一定时期、一定地域的社会文化和建造水平等。其中以表家大院、朱家宅院、孙家宅院、锦阳关、泰山奶奶庙最为典型。

表凤兰宅院是典型的四合院民居建筑，全部为石砌建筑，特点为平砌，屋正面有挑翘、弯口等，建筑工艺朴拙、精良。人字形屋顶，木头檩梁，窗户为木制窗棂。

朱家宅院，该院为四合院式。布局规整，正房、东西厢房和倒座一应俱全，门楼与倒座相连，进门处有"借山影壁"。院内正房为三开间，在正房两侧又各建一间耳房，耳房低于正房，形成中间高两边低的"二郎担山"的建筑样式。依地势变化，院落布局比较自由、紧凑，正房坐西朝东。房屋全部为石块砌筑，硬山草房顶，为防止屋檐山草腐烂过快，檐口处置石板防雨。与鲁中山区其他民居建筑不同的是，娘娘庙村的屋顶两侧垂脊用石块层层叠砌而成，形成台阶形状，当地村民将这样的垂脊称为"迎峰山"，一是用来承重屋内木梁架，二是用于房屋排水。

图 10.8　"迎峰山"类型的垂脊既可以用于承重也有利于排水（2022 年摄）

　　孙家宅院坐北朝南，单层民居，正房三间，两侧各有一间耳房，屋顶起脊，所有房屋和院墙、大门等均为青石建筑，该院于20世纪70年代在老宅基础上进行翻修。

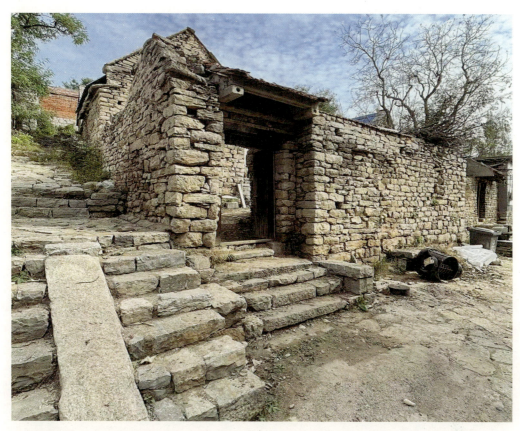

图 10.9　娘娘庙村典型的石砌民居建筑（2023 年摄）

　　娘娘庙村村内古迹众多，保存完整，有"八大景"之说：换门关、石人前、八盘山、地牢狱、青龙湾、八棱桥、锦阳关、千层顶。可惜的是，有些景点原貌已不存。现存主要景点有：齐长城、锦阳关、娘娘庙、兴无桥、齐鲁古道、明·邑候谭公"去思碑"、石人前、八盘山、古井、长城岭等。

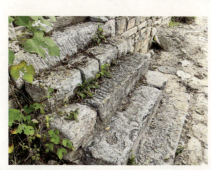

图 10.10　入户石台阶（2023 年摄）

图 10.11　简洁石窗，嵌于墙上（2023 年摄）

图 10.12　娘娘庙村俯瞰图（2022 年摄）

锦阳关，位于村北 50 米处，是齐长城最大的关口，也是最重要的关口。齐长城莱芜段有四大关，自西而东为天门关、锦阳关、黄石关和青石关，是莱芜通往济南、北京的必经之路。锦阳关为三层楼建筑，古朴典雅，是国家重点文物保护单位。锦阳关城门建筑是典型的中国古代建筑式样，设计独特，巧妙绝伦，威武壮观。城门西侧有石碑 4 座，后遭战火破坏。现在的锦阳关是后人依据历史资料在锦阳关遗址往西 200 米左右的位置上所建，占地 500 平方米，长 50 米，宽 10 米，高 15 米，门洞宽 4 米，进深 8 米，门上方有"锦阳关"3 个石刻大字，关上平台四周有垛口，平台上有二层小楼。

泰山奶奶庙建于明代，庙顶青石发碹，庙窗为两道青石窗棂，墙体由大块石干砌而成。该庙在十年动乱中被拆除，仅留地基。传说此庙为泰山奶奶行宫，泰山奶奶每年都来此地居住数日，保佑四周百姓平安。农历四月十八是泰山奶奶生日，也是娘娘庙村的庙会。由于娘娘庙村占尽南北通衢的地理优势，庙会影响力辐射到冀西、冀南一带。相传，旧时"岱南人民有香愿不能至岱者，多在此酬祝"，所以娘娘庙有"泰山行宫"之美誉，民间更是流传着"西有泰山碧霞祠，东有莱芜娘家庙"的说法。

图 10.13　齐长城的重要关口锦阳关手绘图（徐敏慧绘）

图 10.14　古朴沧桑却不失威势的古关口——锦阳关（2023 年摄）

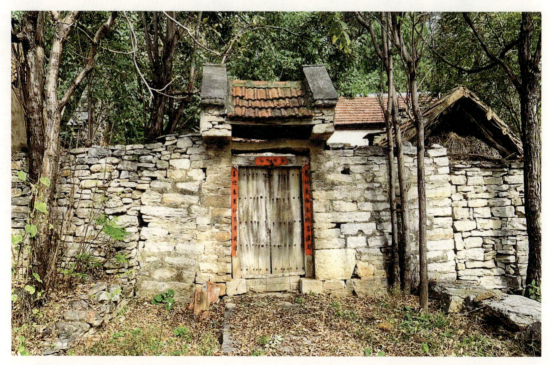

图 10.15　村里的泰山奶奶庙（2023 年摄）

图 10.16　锦阳关与延绵不绝的城墙（2021 年摄）

　　兴无桥，位于娘娘庙村村东，这座废弃的石桥颇不引人注目，但是村中上了年纪的村民都知道，该石桥是娘娘庙村历史的见证。1966 年，因修莱明路，娘娘庙被拆除，用所拆庙宇的石块建造了"兴无桥"。

图 10.17　村中的千年连体柳树（2023 年摄）

图 10.18　穿村而过缓缓流淌的运粮河，自西向东从村南通过，现只有夏天才有水源（2023 年摄）

　　村内有古井多眼，其中有一处千年古井，凡是经过锦阳关的人都在此休息取水。该古井修建于公元前 555 年，为春秋时期修筑齐长城时，民工为饮水开凿而成，以后为守边军士取水之用，再后来，成为南来北往客商及驿站饮水之用。

　　该井深 46 米，最宽处直径 1.5 米，全部为人工开凿，常年有水，水质清澈甘洌。井口分为上下两层，井圈用青石材质，因年代久远，井口被井绳磨出大小沟痕 60 余道，深 2 厘米以上的有 12 道，整个井口被磨得如玉石般光滑。娘娘庙建村以后，成为村民的饮用水源。该井西侧有座泰山奶奶庙，凡来庙中敬香的人，都从此井中取水带回家，包治百病，该井又被誉为"圣母井"，井水被称为"神水"。

图 10.19　有着深深勒痕却如玉石般光洁的古井井口（2023 年摄）

图 10.20　刻于明朝的摩崖石刻，风化较严重，只依稀可见其或灵动或庄严的造型（2023 年摄）

图 10.21   村中仍在使用的石碾（2023 年摄）

位于村西头的龛摩崖造像为典型的"释迦牟尼说法图"，尖拱楣石龛之中，中央刻"释迦"坐莲台，左右两侧为弟子"迦叶"和"阿难"，"文殊菩萨"和"普贤菩萨"分列弟子两侧，窟口两侧各刻一金刚力士，整组造像对称分布，布局井然有序。

4. 民俗与非遗传承

在娘娘庙村，村里最重要的民俗活动是每年举行的泰山奶奶庙庙会和庄户剧团演出。这些民俗活动由来已久，代代相传，已成为村中不可或缺的传统民俗项目。

自明代建起泰山奶奶庙开始，村落每年都会在阴历四月十八泰山奶奶生日这天举行为期七天的泰山奶奶庙会。庙会不仅规模宏大，参观者众多，其影响力也远达冀西、冀南一带。每年庙会期间，周围各县市村民都来赶会，祭祀泰山奶奶，祭祀地点选在原泰山奶奶庙前，祭品有鸡肉、猪肉、鱼肉、青菜、水果和各式糕点等，祭祀活动有上香、跪拜、祈福等内容。

每逢农历正月初一至初五、正月十四至十六的庙会期间，就有十几人组成的高跷队表演踩高跷。表演期间，表演者做着各式各样的姿势及高难度动作，穿街而过，好不热闹。因为踩高跷表演村民喜闻乐见，群众基础良好，所以踩高跷历经一百余年仍以活态方式传承。

　　自清代开始，娘娘庙村就有舞狮的习俗，舞狮在当地被认为是驱邪避害的民俗活动，每逢节庆或有重大活动必有舞狮助兴，长盛不衰，历代相传。舞狮的行头由彩布条制成，舞狮活动由两人共同完成，一人舞头，一人舞尾。表演者在锣鼓伴奏下，两人协作配合，做出各种形态动作，以各种招式吸引村民观看，现场氛围热闹非凡。

图 10.22　传统锔锅工艺（2022 年摄）

图 10.23　张氏族谱（2022 年摄）

图 10.24　高氏家谱（2022 年摄）

拾壹

青石关村：
高山夹峙间的『齐鲁第一关』

图 11.1　城堡关楼南面上方镶嵌着"青石关"三个阴刻楷书大字石匾

1. 地理环境与历史沿革

青石关村隶属济南市莱芜区和庄镇，位于莱城东北 30 千米、和庄镇北 6 千米处。村子北、东、西三面与博山交界，是莱芜区最北端的村庄。村北邻樵岭前村，村南接关西坡村，村东有 205 国道穿村而过。

村庄北面与东面临山，东侧山脉绵延向南，东北侧山势尤其险峻，仅余一条夹谷（当地人称"关沟"）与外界相通，又因村庄整体海拔为 400 米左右，冬季气温比周边地区低，历史极值可达 −30 摄氏度。

村内有齐长城遗址青石关，为国家级重点文物保护单位。青石关，乃齐鲁之要塞也，此处"一夫当关，万夫莫开"，因处于齐鲁古道之上，素有"齐鲁第一关"之盛名，历来为兵家必争之地。自春秋时期齐国建关，青石关长期作为战时重要的军事关隘与和平年代重要的商业贸易关口。后来，此处行人渐多，人烟日厚，在青石关顶有了一些卖饭的商户，人们便把这里叫作卖饭岭子。先是有 6 户人家在这里立庄，这 6 户是 3 孙 2 李 1 韩，后又陆续迁来魏、王、焦、于、梁等姓（现村内已无魏、韩姓），青石关逐渐形成村落。由于此处盛产青石，古齐长城城堡和城墙全是用青石垒建，此关就被命名为"青石关"，在城堡关楼南面上方镶嵌着"青石关"三个阴刻楷书大字石匾，人们就因关名村，称青石关村。

图 11.2　青石关村在明嘉靖二十七年（1548）《莱芜县志·县境之图》中的位置（此图据原图着色）

图 11.3　青石关村有 205 国道穿村而过，村子依国道向南侧延伸（2022 年摄）

　　青石关村现有 214 户，587 口人。据族谱记载，焦氏一族自明代永乐年间自河北枣强县迁居于章丘，又经八世祖迁居至青石关村。全村现有八姓宗族，王、于、孙三姓宗族人口最多，此外还有焦、梁、张、李、高五姓宗族。现各姓宗族在村中混合散居。

　　青石关村村域总面积 2.67 平方千米，耕地面积 392 亩，山地面积约 3338 亩，村民居住面积约 240 亩。青石关村 2001 年被评为国家级历史文化名村，2015 年被列入省级乡村记忆工程，2022 年入选第六批中国传统村落名单。

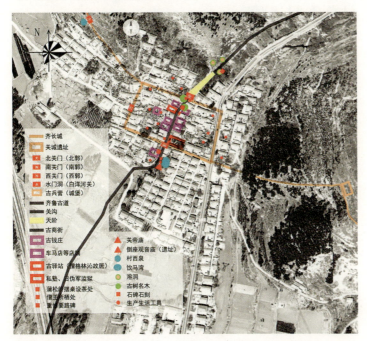

图 11.4　青石关村传统建筑集中分布于齐鲁古道两侧，商业用途建筑较多

图11.5 1929年青石关村齐长城与现在齐长城的走向基本没有改变，只是老照片上三层南门和倒座观音奶奶庙已消失

2.村落空间格局

青石关村依天险而建，村民循谷而居。自春秋以来，青石关长期作为屯兵关城，建有城堡，当地人称"瓮城"，瓮城依托齐长城百米见方，四面城墙，南、北、西三个方向设城门，是齐鲁大地的重要关隘和商贸中心。中华人民共和国成立后，随着社会的发展和环境的改善，青石关军事要塞的功能废弃，村民的生产、生活需要愈加丰富，以南北向齐鲁古道为中心，古道两侧及周边逐渐发展出各类旅店、商铺、民居。自形成便利的交通以来，村落逐渐向西向南发展，在西侧建造的民居兼顾了地形和水源，南侧民居将交通作为主要考量因素，沿公路而建，逐渐形成了以古青石关为顶点，向西向南发散的三角形村落格局。

青石关作为齐鲁古道最重要的关隘，2000多年来，迁客骚人，多会于此，久负盛名，蒲松龄曾长期在村北关口老槐树下摆桌设茶，为《聊斋志异》收集素材。青石关的过路行人若想在此讨茶

水，便要留下一个故事为偿。《聊斋志异》有相当一部分故事，
来自青石关附近居民及停驻旅人所述的传说。蒲松龄在青石关创
作期间，被青石关的险要而震撼，为青石关创作了一首诗《青石
关》，这是蒲松龄先生留存于世的最早诗篇。

青石关

身在瓮盎中，仰看飞鸟渡。

南山北山云，千株万株树。

但见山中人，不见山中路。

樵者指以柯，扪萝自兹去。

勾曲上层霄，马蹄无稳步。

忽然闻犬吠，烟火数家聚。

挽辔眺来处，茫茫积翠雾。

图 11.6　1929 年，齐长城青石关前旧影

图 11.7　青石关前深深的车辙见证了此处曾经的繁华（2023 年摄）

图 11.8　青石关村周边盛产青石，道路也多以青石铺就（2023 年摄）

图 11.9　村内随地势而建的传统民居，石材依然是主要的建筑材料（2023 年摄）

3.村落典型历史建筑

　　青石关村的建筑多就地取材，使用当地盛产的青石，既便于获得又坚固耐用。房屋多依山而建或随地势而建，错落有致，保证室内充分采光通风。

　　青石关村中山路崎岖不平，多数巷道狭窄。村里留存了大量的石头房、石板路，民居的基础形制为四合院，房屋石墙覆瓦，风格古朴。因地制宜建设的正房、厢房、倒座房组合成大大小小的合院，合院天井多以青石铺砌并组成吉祥纹样图案。青石关村早期建筑以石头房为主，后期在石头房的基础上发展出了海青房。

图 11.10　村中房屋古朴硬山顶，多以砌石建造而成（2022 年摄）

青石关村的海青房在一代代的演变中不断完善和规范，也在村中普及，成为青石关村的特色民居形制。明清时期的海青房地基以石头砌筑，以灰砖、石块、土坯砌筑墙体，墙体很厚，冬暖夏凉。以麦秸作为屋顶材质，以薄青石板或灰小瓦出檐，屋顶轻盈抗震。门窗多用本地的柏木过梁。海青房立面形制统一，建造考究，是极具地方特色的传统民居。

相传关帝庙建于元代以前，占地面积约5平方米，坐东朝西。因其建在路边有祈求平安的作用，当地村民将其当作财神供奉。原关帝庙已坍塌不存，现村中的关帝庙为村人在原址上复建，里面供奉着关羽像。

古驿站位于青石关北门南约40米处，正房三开间，条石做基，门框及腰线以上墙体四边用青砖垒砌，檐口用青砖，仰合瓦屋面，上又覆灰石棉瓦。蓝色木门窗，正房门右侧留有猫道，院落东边是一个敞棚，用来拴马。古驿站大门处曾有很深的车辙印，进入大门后有一过道，南侧有一小房系店主所住，便于收费。南北侧山墙均有一门，因为古驿站南北侧都属于王家店铺，设两门是为方便通行。据当地人介绍当时所住旅客大部分是往博山赶路，休憩过后，赶回博山。

图 11.11　青石关村周边盛产青石，道路也多以青石铺就（2023 年摄）

图 11.12　原址重建的关帝庙建在齐鲁古道旁（2022年摄）

图 11.13　古驿站正房，晚清名将僧格林沁曾居住在此屋（2023 年摄）

　　古钱庄（于家大院）有正房三间，西厢房三间。北屋正房原为古钱庄，墙体较厚，厚约 1 米，灰砖雕花拱窗。正房房基下建有地窖，窗户形制为 11 棂形制。墙体所用石头都已磨平，门框上的青砖部位镶嵌莲花图案的砖雕。院落面积大，房屋开间较多，等级比较高。院落南北相通，但道路较为狭窄，只可一人通行，这是古代钱庄防抢防盗的措施。

　　梁传玉院，据传为僧王所栖处，位于齐鲁古道旁，院落为两进院，坐西朝东。前院正房五间（部分坍塌），南厢房四间，北厢房两间，东倒座房三间。后院已坍塌，现已成为村民菜地。大

图 11.14　古钱庄院落一角（2023 年摄）

门位于院落的东北方向，为插板门。西屋正房窗棂为 13 棂形制，相比于普通 11 棂窗户更大。屋顶原为麦秸草顶，因麦秸耐久性差，后在麦秸上覆盖红瓦。南厢房前有一水井，口小肚大，井中水系过去周边居民生产生活水源。

李金兰院位于古道东侧，坐北朝南，为二进院。前院有南正房五间，南倒座房四间，东厢房两间，西厢房三间。西厢房和南倒座房属同一户人家。后院有两间猪栏，全为砖石墙。后院北侧留有走牲口的门，相对低矮。大门位于院落的东南方向，过木门有一石拱门，由青石垒砌发券，现保存完整。石拱门正对一座座山影壁，上刻"福"字。原院落过影壁分东西两进，因建造时顺

图 11.15 古钱庄正房立面手绘图（黄萍绘）

图 11.16 古钱庄正房窗户细节图（2023 年摄）

图 11.17 青石关村的石磨颇具特色，磨盘以粗陶制成（2023 年摄）

北

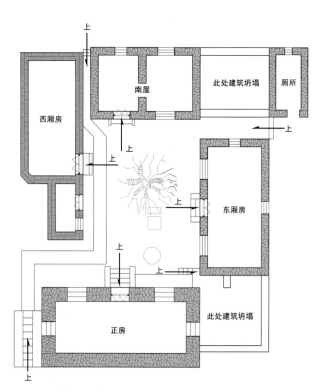

图 11.18　古钱庄院落平面示意图（黄萍绘）

应西高东低的地势，西、东两处天井分别被称为"上天井""下天井"，后因分家建墙相隔。该院落占地面积大，房屋开间多，建筑所用石材表面规整，做工精细，等级较高。院落内有石磨一盘、土炕烟囱两处，土炕烟囱一般与窗台同高，以便做饭产生的热气经过土炕后排出。

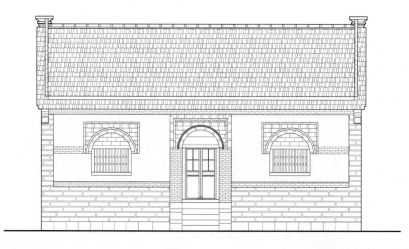

图 11.19　古钱庄正房立面示意图（黄萍绘）

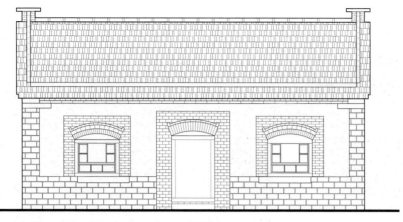

图 11.20 梁传玉院正房立面示意图（黄萍绘）

薛美丽等院落坐北朝南。正房北屋三间，东厢房三间，西厢房两间，南倒座房四间（其中两间为猪栏），大门位于整个院落的东南方向。屋顶原为麦秸草顶，后草屋顶腐烂，改为红瓦顶。影壁墙北面有一神龛，用来供奉天爷爷。正房为合缝墙，屋檐下为弧形，不同于平面屋檐。南倒座房曾为大队支部。

4. 村落民俗生活与非遗传承

青石关村流传着陈抟洞的传说，此洞位于关沟东边山崖上，相传，此洞通博山石马村，后周神仙陈抟（睡仙）在此洞一觉睡了808年，碧霞元君路过此地，见陈抟正在睡觉，便问他将睡到何时，陈抟说要睡到太阳晒着屁股。碧霞元君笑一声说："那好，你这懒虫，跟我走吧。"随手拔下头上的金簪，将洞穿破，阳光正好射到陈抟的屁股上，陈抟只好跟碧霞元君走了。现在，这一洞口仍然有阳光直射进来。

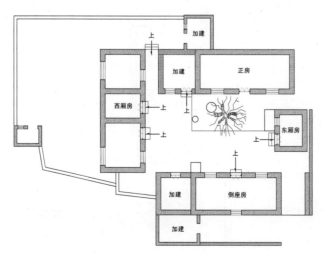

图 11.21 梁传玉院平面示意图（黄萍绘）

图 11.22　正房立面，与厢房相比，反而显得古朴（2023 年摄）

七月十五请家堂是流传于莱芜地区的中元节习俗，分为请家堂、祭祀、送家堂三步，每步都十分讲究。青石关村人也非常注重这一习俗。

请家堂：洒扫庭院，摆设供桌，挂家堂轴。供桌下放一盆，装祭奠的茶酒和烧纸。男主人为主祭人，负责写祖先牌位，布置祭祀工具和用品。将祖先请回家之后到家门口先将手中香一炷插于大门框左边，用木棒（棍）拦在门口，俗称"拦门棍"。

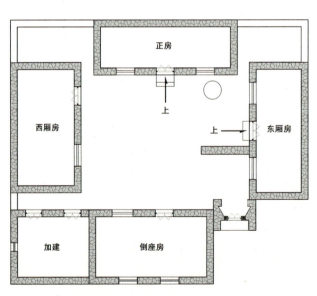

图 11.23　薛美丽院平面示意图（柳琦绘）

图 11.24　薛美丽院正房立面示意图（柳琦绘）

祭祀：祖先请到家，香插炉中便开始祭祀仪式。主祭人按照传统的祭祀方式，首先将点心置碟中摆放，主要有：糕果、饼干、桃酥、蜜食等。将供桌牌位前的茶碗倒满茶，按供奉祖先的辈分大小献茶。习俗讲究茶要七分满，酒要八分满。

送家堂：送家堂是中元节的最后阶段，下午 5 点左右准备送家堂，主祭人亲自或吩咐儿子打纸（用木制钱模具打印花钱，俗称"纸窝子"）、花纸（将打好花钱的烧纸划开，按刀叠好备用），女主人煮好水饺，用茶碗装盛，一牌位前放一岘，每碗放两个水饺。

结束前，男主人说："请老人家一路走好！"全体磕头，燃放鞭炮，送家堂祭祀礼结束。

图 11.25　祭祖时的贡品也有讲究，如水果忌用梨、桃

图 11.26　请家堂：牌位要主次分明，中间为"高祖""曾祖""先考"，向两侧辈分依次减小

　　蹉地舞是流传于和庄镇一带的一种古老的汉族祭祀舞蹈。"蹉地舞"起源于清乾隆年间的原山庙会，形成于清嘉庆年间的原山求雨，盛行于抗日战争、解放战争时期的原山一带常（庄）、文（字）老区，距今已有 200 多年的历史。

　　自清嘉庆二十三年（1818）至新中国成立前后，在每年农历二月十九日的原山庙会上，"蹉地舞"是主要娱乐项目。舞蹈者也由原来的男女老少都演出的形式，逐渐改变成只有男女青年对舞的民间舞蹈形式。一般八人为一组（男女各半），同时有几组、十几组同跳，热闹非凡。"蹉地舞"的队形，多以直线或斜线运动，这是根据上山下山的特定环境决定的，很少有圆形的变化。在直线或斜线的运动中，又多以双线运动为多，这是由于上山下山互相搀扶，相互照顾而形成的。

　　"蹉地舞"随着时代的变迁，除保留了具有祈神朝拜的原始含义外，又增加了表达男女爱情的内容，并使队形变化保留着"直线不弯曲，队舞不相离"的艺术特点。"蹉地舞"简单易学而富有特色，主要动作有"单脚蹉""单交叉蹉""双交叉蹉""蹦跳蹉"等。做动作时，强调身体前倾，两臂自然摆动，突出一个"蹉"，"蹉"在弱拍上，同时"蹉"出力度。其要点是"上身向前倾，双脚往后蹬，一步半个蹉，似把原山登"。

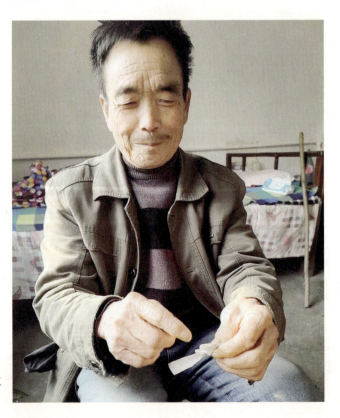

图 11.27　王加峰老人讲解建房工艺（2023 年摄）

图11.28　图为梁文龙老人，他家过去在南门外开设旅社"梁家店"。正在讲述过去青石关的样貌（2023年摄）

　　传统民居的建造技艺是青石关村保存的技艺之一，72岁的王加峰是青石关村的泥瓦匠，1971年，年仅19岁的他开始跟本村的老师傅李昌祥学艺。那时学艺拜师比较正式，王加峰磕了三个响头后，李昌祥就成了他"一日为师，终身为父"的师父。王加峰跟着李昌祥学了三年，所谓"师父领进门，修行在个人"，王加峰在师父干活时，从一旁认真看、认真记，慢慢领悟。很快，建房挂线找平、打石头的技巧等，他便轻松掌握。虽然王加峰是泥瓦匠，但石匠的活他也一样出色。用他的话说，泥瓦匠改石匠易，石匠做泥瓦匠难。

　　青石关村的民居主要以海青房为特色，这也是淄川、莱芜、博山山区一带特有的民居建筑形制。所谓海青房，就是房子四角全用青石垒砌，门窗周边用青砖砌筑，其余位置则用土坯砖或石块。青石关村处于过去齐鲁两国交通要道上，作为山区村落，无法烧制砖瓦，村里经济条件稍好的人家若盖房想用砖，只能从关口外的博山购买，再用独轮车沿着崎岖的山路推到村里。买来的青砖主要用在民居门窗周边，当地人就把这种用青砖装饰的房子起了一个很大气的名字——"海青房"。

图 11.8　青石关内的古道路旁遍布传统建筑，古槐枝干遒劲（2023 年摄）

图 11.30　1939 年，青石关旧影（雍坚供图）

　　村里的民居除海青房外，还有全石到顶的"一挂石"房。房子所用青石都是从周边山上开采而来，那时村民生活条件都很差，盖三间房子所需材料都要准备一年的时间。主家想盖房子，自己不会开采石头就会请王加峰帮忙。三间房所用石材，王加峰差不多需要开采 10 天左右，再用独轮车把石头推出山送到主家建房的院里。这一切工作也没有报酬，只是把主家的工分分给他两个。青石关村的民居以石头房为主，建房时挖好 0.5 米到 1 米深的地基后，用碎石填实，最上层用平整的石块铺设，这部分石块一部分被埋于地下，一部分露出地面约 10 厘米高。地基打好，就开始垒砌石墙体，墙体最下端条石会沿地基石稍往里缩放二三厘米，这样建好的房屋底部会显得坚实稳重。在房屋腰基高约 90 厘米处，预留窗户并放置条形石窗台。房屋石墙体一般采用干垒法，条石之间用石灰填缝。房屋基础框架盖好后，就是上梁和盖屋顶。

　　过去青石关村的石头房民居以草屋顶为主，王加峰说穷人家盖的草屋顶无一片瓦，富裕人家除屋面铺草外，垂脊处会用灰瓦装饰。大梁上好铺上檩条后，就要在檩条上面铺苇箔，苇箔用高粱秸和葛条做成，苇箔铺设完整后再涂抹麦秸泥约二三厘米厚，最后用麦秸秆铺设屋面。草屋面最难铺设的地方要数四个屋角和正脊。用麦秸秆铺设的屋面四角又叫旋风角，此处的麦秸秆在铺设时既要像扇形一样错落有序地散开，又要在最后收拢与其他麦秸秆形成水平方向。但又因麦秸秆很容易往下滑落，所以每放置一小把麦秸秆就赶紧涂抹一层麦秸泥，固定结实后才能接着放置另一把麦秸秆。屋面上的麦秸秆同样错落铺设，不整齐处就用拢箔推平整。铺设到离屋脊 40 厘米处，就需要用谷秸接续铺设，最后再拧脊。拧脊是个技术活，需要经验丰富的泥瓦匠去做。拧脊时，一人坐在屋脊上，两腿左右分开使劲压住屋面上的谷秸秆和麦秸秆，两手紧握谷秸余留端，相互错压往前撺赶拧紧，最后形成屋顶正脊。当时青石关村村民盖三间房大约需要 3000 多根高粱秸、3000 多斤的麦秸秆、十几千克葛条。这些盖房所需的大量的高粱秆、麦秸秆、葛条很难靠一家之力备齐，为了凑够这些建筑材料，邻里之间就互帮互助，自发地组成互帮小组，村民们将这种小组称为"屋会"。屋会以家庭为单位，通常一个屋会由四五个家庭组成，一家若要盖房时，其余各家就将自家积攒的麦秸秆、高粱秆等一起集中到盖房的人家。屋会的存在，在那个条件艰苦的年代，为村民盖房提供了极大便利和帮助，也是村民建房智慧的充分体现。

图 11.31　如今的青石关关口现状（2023 年摄）

参考文献

[1] 山东省历史地图集编纂委员会 . 山东省历史地图集·古村镇（征求意见稿）
[M] .2009.

[2] 山东省历史地图集编纂委员会 . 山东省历史地图集·古村镇（征求意见稿）
[M] .2010.

[3] 中华人民共和国住房和城乡建设部 . 中国传统民居类型全集 [M] . 北京：中国
建筑工业出版社 .2014.

[4] 姜波 . 山东传统民居类型全集 [M] . 北京：中国建筑工业出版社 .2015.

后记

　　传统村落是闲适的，是恬淡的，也是舒缓的。

　　在这里，百姓们春耕夏种，秋收冬藏，度过酷暑严冬；在这里，百姓们听林中鸟唱、塘中蛙鸣；在这里，一代代村民休养生息，婚丧嫁娶，创造着属于他们自己的信仰崇拜、伦理亲情、生活艺术，培养着他们自己的审美情趣……

　　这就是让我们魂牵梦萦的乡愁；

　　一个民族渗透在心灵中的传统；

　　一种穿透进精神深处的根脉。

　　留住家园，留住乡愁，不应当只是一部分专家学者的呼吁，而是我们这一代人的历史责任。

　　近年来，传统村落得到了前所未有的重视。2012年，是中国传统村落保护的"元年"，国家四部委、局启动了对传统村落的调查与认定工作。截至2022年，已开展了六批中国传统村落名录认定工作。

　　十年弹指一挥间，很多优秀的传统村落得到了较好的保护和发展，焕发出新的生命活力，也带动了当地乡村经济的发展。

　　济南是一座历史悠久的文化名城，在济南周边散落着许多深受府城文化影响、历史文化底蕴深厚的传统村落，一座座传统村落因地域不同，形成了不同特色，构成了不同区域人们多姿多彩的村落文化和生活方式。每一个传统村落都是历史发展的重要见证者，村落中遗留的传统民居、宗祠庙宇、古树名木、石板小巷，以及体现村民们生活智慧的民俗文化等，无不从里到外刻下了这个村落不可复制的烙印，成为独一无二的村落标志。无论从村落历史、人文环境还是村落民俗生活和非遗传承上，济南市的传统村落都具有深厚的可供保护和研究的重要价值。

　　然而，正像全国各地传统村落的命运一样，在时代的急剧变迁中，济南市的一些传统村落亦不同程度地被改造、被废弃，村落中越来越多的老宅坍塌、损毁，很多具有几百年传承历史的民间手工艺、民间曲艺、民间娱乐等民俗文化，更是渐趋消亡。这些凝聚了千百年农耕文明和历史文化、维系着人们精神纽带的传统村落，应该如何保护和发展？他们的命运该走向何方？是亟待引起社会各界共同关注和思考的大问题。

2018年起，为切实做好历史文化名镇名村及传统村落的保护工作，济南市住建部门启动了对传统村落的保护工作。我们与济南市住房和城乡建设委员会首次合作，选取了20个国家级和省级优秀传统村落，深入实地，用文字和相机记录下了这些传统村落中的古建筑、宗祠庙宇、民风民俗等，以图文并茂的形式，将济南市传统村落深厚的历史文化遗产呈现在读者面前。同时完成了《走进济南传统村落（一）》和《走进济南传统村落（二）》两部书作，受到广泛好评。倍受激励下，2022年，我们在济南市住房和城乡建设局支持下，重启传统村落的调研工作，不仅增加了调研的村落数量，将济南市20余个国家级和40余个省级优秀传统村落悉数收录，还收录了4个历史文化名镇名村，并新增了大量手绘图和测绘图纸，结合原来的两本书作，以行政区划为单元，最终完成了《寻访济南传统村落·章丘篇》《寻访济南传统村落·莱芜篇》《寻访济南传统村落·长清篇》《寻访济南传统村落·南山平阴钢城篇》系列丛书。这也是我们对保护济南市优秀传统村落做出的实质性行动。

时至今日，《寻访济南传统村落》系列丛书调研和撰写工作已落下帷幕。五年来，我们克服种种困难，行走在传统村落的街巷村头，停留在村民们的屋前门后，盘膝而坐听村里老人讲述他们的艰辛建房、拜师学艺、中草药采集等渗透着喜怒哀乐的过往日常。每一个传统村落都是丰富多彩的，那些带着浓郁地方特色的黄米、花椒、大山里救命的中草药，一代代传承下来的生产生活民俗、戏曲传唱等，与朴实的乡民紧紧相依，在炊烟袅袅的乡土里孕育着百姓的日常。正是这带着烟火味道的日常，赋予了这些村落深厚的生命内涵，组成了我们民族的根脉。因此，保护传统村落，无疑就是保护我们民族的"根文化"。

在这条路上行走，我们倍感荣幸！

值本书付梓之际，首先感谢济南市委副书记杨峰对本课题给予的关怀和支持，在杨书记的关心下，本课题的后续工作得以顺利完成。感谢住建部中国传统村落专家指导委员会副主任委员、清华大学建筑学院教授罗德胤对济南传统村落的长期关注，感谢济南市住房和城乡建设局长期以来对本课题给予的支持，感谢山东建筑大学学校领导祖爱民副书记、宋伯宁副校长对我们的研究工作长期给予的支持。感谢各县区、乡镇街道办事处住建部门工作人员在调查时给予的热情帮助，并无私地提供各种资料，以及众多热心村民的大力协助。他们才是乡村建设的第一主人，正是他们对乡村和家乡的深深热爱也激励着我们不断前进的脚步。感谢刘东涛、黄鹏及张荣华拍摄团队等志同道合的同仁、好友陪同我们一起走村串乡，更感谢参与村落调查的贺伟、董青峰、韦丽、李潇爽等同仁和周博文、仇玉珠、冯传森、张林旺、黄萍、薛鑫华、柳琦、王琦、李春、徐敏慧、何静、许鑫泽、刘李洁、骆思宇等各位同学，和你们一起进行田野调查的日子是永远美好的记忆。最后，感谢山东画报出版社，在他们的支持下，本套丛书得以顺利出版，特别是于滢编辑认真负责，反复斟酌版面设计，力求将济南优秀传统村落全新的面貌呈现出来。

本书照片绝大多数是参与调查的老师和同学所拍摄，书中所用规划图由各基层建委提供，未再一一标注，在此一并表示感谢。受时间和经验所限，我们深知对一个村落的解读单单依靠这些还远远不够，村落里那些宝贵的营造技艺、中草药、乡村特产、民风习俗等仍有待挖掘。希望以本书出版为契机，进一步加强对乡村文化的提炼总结，保护传承，转化创新。同时能团结更多热爱关心传统村落发展的同仁，共同把济南传统村落的研究工作推上更新的高度！

住建部传统民居保护专家委员会委员
山东建筑大学齐鲁建筑文化研究中心主任、教授